新卒1年目の教科書

仕事の基礎とマインドセットを学ぶ本

内山早苗

日本能率協会マネジメントセンター

はじめに

　これから社会人になる新卒1年目の皆さんは、どんな気持ちでいるのでしょうか？

「さぁやるぞ！」「不安だけど大丈夫かなぁ」など、いろいろな感情があると思います。新社会人としての生活は初めてのことばかりですから、心がドキドキやワクワクで不安定になってしまうこともあるでしょう。

「社会人」という言葉には、さまざまな意味があります。一人前の大人として周囲から認められる、使えるお金が増えるなど、嬉しいことがある反面、義務と責任が増え、自分の好きなことだけをするわけにはいきません。

　これから皆さんは、今まで生きてきた時間よりずっと長い期間を社会人として過ごすことになります。そして、社会に守られていた存在から、皆さん自身が社会を発展させる一員として活躍することになるのです。

本書では、まず社会人としての仕事に対する「心構え」を学んでいきます。ビジネスとは人が行うもの、そして人との関わりでは常に心のあり方が重要になってきます。

本書で学ぶことはごく基本的なことであり、その他の多くのことは、実際の仕事の場面で上司や先輩の方々から教えてもらったり、あるいは自分で考えていくことになります。

まずは、自分自身を見つめ直し、あせらずに、一歩一歩成長していくことを心がけてください。それが一人前の社会人になるための早道であり、あなた自身が成長していくことにもつなげましょう。


次に学ぶのは「スキル」です。

スキルというと、専門的な知識や、職人的な手先の技術など高度なものを思い浮かべる方も多いでしょう。

本書で学ぶ社会人としてのスキルとは、ビジネスシーンにおいて身につけておかなければならない基本的な職場のマナーや仕事の基礎知識です。皆さんが実際に職場で出会うさまざまな場面で、社会人として、どのように振舞ったらよいかを学びます。

職場生活の基本となるマナーや人間関係、ビジネス文書の基礎など、基本的なことはなるべく早いうちに身につけておくことが大切です。あとになって「そんなことも知らないのか」と言われることのないよう、この機会にしっかりと学んでおきましょう。

そして、実際に入社して仕事を始めたら、先輩たちをお手本に、生きた技をどんどん学び取っていきましょう。これから始まるビジネスライフを通じて、たくさんの経験を積み重ね、自分だけの技を生み出していってください。

皆さんは、これから社会人としての長い道のりを歩み始めることになります。充実した社会生活を送るためにも、さまざまなことに興味をもち、積極的に行動していきましょう。

社会人になると、これまで以上に時間を有効に使ったり、人間関係を広げたり、情報感度を高めたり、いろいろな方法で自分を磨き、高めていくことが必要になってきます。

長い社会生活を通じて常に積極的にいきいきと働くためには、心身の健康管理も決しておろそかにはできません。

本書の最後に、社会人として活躍するために大切な生活習慣をはじめ、社会人としての常識やマナー、冠婚葬祭のルールなども紹介していきます。ここで学んだことを活かして、いつまでも充実した社会生活を送れるようにしましょう。

本書が新卒1年目として社会に羽ばたいていく一助になりましたら、著者としてこれ以上の喜びはありません。皆さまの社会人生活がより輝かしいものになりますように。

２０２５年３月

株式会社ＵＤジャパン代表取締役会長

内山早苗

CONTENTS

▼第2章▲ 新卒1年目の仕事の基本

▼第3章▲ 新卒1年目の社会生活の基本

第１章

新卒1年目の心構え

PART 1

01

会社は社会の必需品

▼会社の社会的な存在価値とは

皆さんは会社が何のために存在しているのか、考えたことがありますか？

もしも、会社が社会に存在しなかったら……。想像しづらいかもしれませんが、会社の社会的役割を考えるために必要なことですので、少し考えてみましょう。

私たちにとって身近な電化製品・衣料・食品・輸入物品・保険・鉄道など、あらゆる製品・サービスが会社という存在を通して、提供されています。

もし、これらの製品やサービスを提供する会社がなかったら、私たちは毎日の暮らしを今までどおりに行うことは不可能でしょう。たとえば、朝起きて食べるパンも、パンを焼くトースターも、トースターを動かす電力も会社を通して私たちに提供されています。まさに会社の社会的役割である、人々の暮らしに役立つ製品・サービスを提供しているということが現実に示されているといってよいでしょう。

また、会社という存在が多くの人々に働く場を提供していることも見逃すことはできません。働く場を提供し、賃金を支払う。そして、人々はその収入で生活のためにさまざまなコストをまた別の会社に支払うのです。

このサイクルが停止してしまうと、多くの人々が失業し、生活の糧である収入を失います。

つまり、会社は自己都合で活動を停止することは許されず、人々の生活と社会の営みを絶やさない責任と義務を負っているのです。

▼会社が存続するために必要な利益

会社が存続していくために必要不可欠なのが「利益」です。しかし、会社の目的は利益を上げることだけではありません。最大の目的は社会的役割を果たしながら永遠に存続し、発展することです。1つの会社が消滅（倒産）すると迷惑をこうむる人が広範囲に及びます。また、利益だけを目的にして、質の悪い製品をつくっていたら、やがては人々の批判を受け、会社の存続そのものが危なくなります。

正当な利益は、会社が社会的役割を果たしたかどうかの成績評価で、利益が上がらないのはその役割が不十分であることを意味しています。そのために会社は、利益を1つの目安として、さまざまな活動をしています。

また、製品の欠陥による事故や、強引な販売活動による事件、産業廃棄物による環境汚染など、会社によるさまざまな事件・事故が社会的問題となり、会社のイメージや社会的信用を著しく低下させる原因となることがあります。

このようなことがないよう、会社は単に製品・サービスを提供するだけでなく、仕事の進め方や利益を社会へ還元する方法などにも、人々の納得が得られるような社会的な観点で対応することが求められているといえます。

会社のサイクルと役割を知ろう

会社が存続していくのに必要な「利益」ですが、重要なのは利益をどうやって得て、それをどのように活用していくかです。下の図を参照して会社のサイクルと社会的役割について考えてみましょう。

会社のサイクル

価値の創造

価値の創造とは、会社が利益を得るために絶対的に必要な根本の部分です。価値とは、製品やサービス、知識などさまざまですが、社会が必要とするものでなければなりません。

価値の提供

製品やサービス、知識など、創造した価値は何らかの形で社会に提供しなければ利益を得ることはできません。店頭販売やインターネット通販、レストランやホテルでのサービスなど、提供される方法はその価値により千差万別です。

利益

社会に何らかの価値を提供することにより、会社は利益を得ることができます。利益を得られなければ会社は倒産し、従業員や株主など多くの人に迷惑をかけることになります。

利益の活用

利益の活用方法はさまざまです。納税や従業員への給料はもちろんのこと、株主への配当や次の価値創造のための投資、社会貢献活動など、どれを欠いても会社は存続していくことができません。得た利益を正しく公正に活用していくことが会社にとって、とても大切なことなのです。

- 人件費
- 販売活用費
- 納税
- 設備投資
- 社会貢献活動
- 株の配当

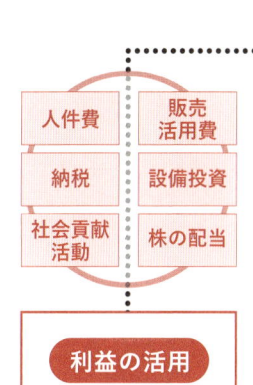

02

利益獲得に安住なし!

利益を出す仕組みは、「収入－支出＝利益」という単純な計算式です。そこで、実際にはどうやって収入（売り上げ）を増やし、どうやって支出（コスト）を減らすかという行動が、会社の命運を決めることになります。

会社で働く人々の仕事は、どのような仕事であれ必ずこの収支につながっており、利益を生み出す努力は、会社に属する全員に求められる基本的な役割といえます。

▼利益は自動的に減少する

売り上げを伸ばすためには、お客さまの求める良い製品やサービスを開発し提供しなければなりません。会社には主たる製品・サービスがありますが、それらがそのまま永遠にお客さまの支持を受け続けられるかというと、そうではありません。お客さまが要望する製品・サービスは常に変化するのです。

たとえば、以前は物を運ぶ運送業への要望は、安全・確実に届けてほしいということでしたが、グローバル化や情報化の進展により、希望の納期にいかに正確に届けられるかということがお客さまの満足には不可欠の要素となりました。また、自動車や電化製品なども新しいデザインや機能が要求され、そうした要求に対応する努力を怠った会社は、売り上げが減少していきます。

また、コストも、同じ仕事のしかたをしているだけでは、毎年、確実に上昇していきます。

たとえば、あなたが来年、いまと全く同じ仕事をしていたとしたら、その仕事のコストはあなたの昇給分上がったことになります。人件費の他にも、原材料費・通信費・設備費など、支出には実にたくさんの項目があります。それについて、それぞれ減少させていく工夫をしなければ、せっかくの利益が減ることになります。

つまり、今のままの姿で安住していると利益は自動的に減少していくものと思ってよいのです。売り上げは放っておけば下がり、コストは放っておけば上がるという危機感をもつことが必要であり、この売り上げとコストの二側面での努力を連続的・同時並行的に行う必要があります。

▼どれだけ売ればもうかるか

利益を上げるための努力といっても、ただやみくもにやればよいわけではありません。

売り上げは伸びても、それ以上にコストがかかっては利益は生まれません。ですから、これだけのコストをかけたら、どれだけの売り上げが必要かを知らなければなりません。それには、「損益分岐点」の考え方を理解する必要があります。

21ページに損益分岐点についての解説がありますので、参考にしてください。

損益分岐点を理解しよう

損益分岐点とは？

かかった費用がすべて回収され、それ以降の売り上げは利益を生むという分岐点のこと。利益も損失も生じない点。

損益分岐点を計算するには？

$$損益分岐点 = \frac{固定費}{1 - \frac{変動費}{売上高}}$$

固定費＝売り上げの高低に関係なく発生する費用。人件費・賃貸料など。

変動費＝売り上げに応じて発生する費用。材料費・運搬費・販売費など。

例 1カ月の売り上げが180万円あり、それに対して変動費が90万円、固定費が100万円かかった。差し引き10万円の赤字である。
利益を上げるにはいくら売り上げが必要か？

この場合は……

$$損益分岐点 = \frac{100万円}{1 - \frac{90万円}{180万円}} = 200万円$$

となり、つまり毎月の売り上げが200万円を超えてはじめて利益が出る

損益分岐点と利益

一般に、損益分岐点が低いほど利益を生み出す力は強いといえます。さらに低くするためには製品・サービスの価格を上げるか、固定費／変動費を下げるかの方法を、それぞれの条件を検討しながら選んでいきます。

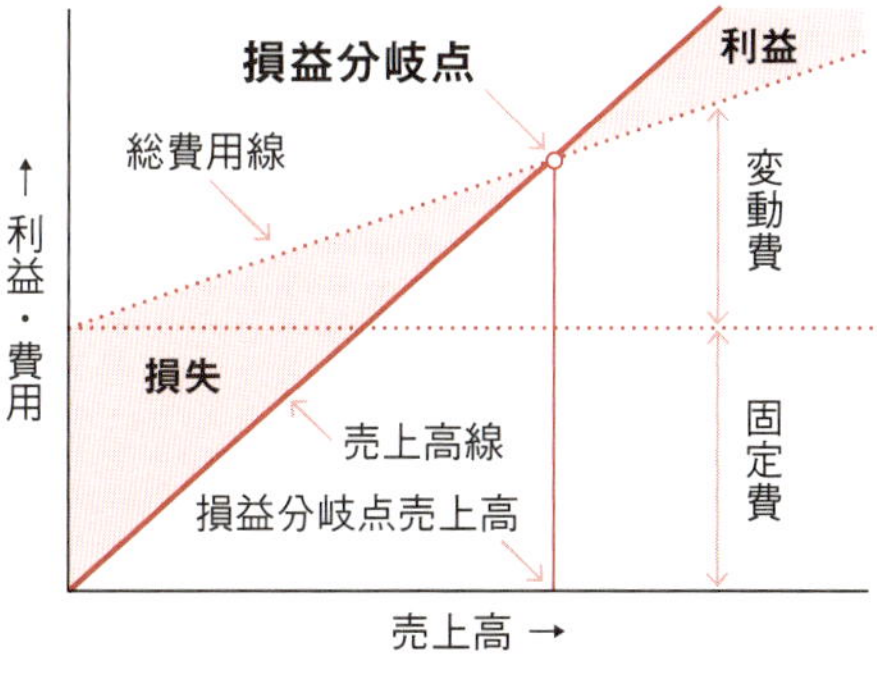

03

変化の時代に対応しよう！

▼変化の時代に対応する

かつてのモノ不足の時代は「あれば買う」という状況でしたが、多種多様なモノを手に入れられる現在では「多くの選択肢のなかから安くて良いものを買う」「好みに合ったものなら高くても買う」という賢い消費の時代になりました。これは製品・サービスを提供する側から見れば、厳しい選別の目にさらされるということです。

今売れているものも、すぐにそれ以上のものが競合他社により開発されます。製品・サービスの寿命（ライフサイクル）が短くなると、開発に要した投資金額が回収できず、利益を生み出せないまま製品が市場から姿を消す可能性が高まります。

さらに、さまざまな技術革新が進み、産業構造自体が急激に変化してきています。かつて通話が中心だった携帯電話が、現在ではスマートフォンにとって代わられたように、かつての先進技術が現代では通用しないものとなっている例も少なくありません。

会社は変化に逆らっては生きていけません。逆に変化の時代だからこそ成長するチャンスがあるともいえます。むしろ、会社の置かれた環境を考えると「激動の時代に対応する」のが普通で、常に変化に対応しながら歩き続けることが求められているのです。

▼マネされない仕事の進め方を考える

会社の存在価値は、「その会社でしかできないもので、お客さまの支持があるもの」をどれだけ保有しているのか否かにかかっています。会社の競争とはそれをいかにしてつくり出すかの競争でもあるのです。

新製品・新サービスの開発、新しい事業の開発、独自の販売方法、コストダウン体質の強化など、会社の課題は絶えることがありません。それらに対応するためには、状況に合わせた柔軟な対策が必要です。

会社の強さとは、すぐには他の会社がマネのできない仕事の進め方をできるか否かにかかっています。

新製品がヒットしても、次の製品がヒットするとは限りません。また、今年度はコストを抑えたといっても来年度の保証はありません。一過性の効果よりは構造的な変革による持続的効果が求められます。

つまり、良い結果を出すためには良い仕事の進め方を考え、その会社独自の強さを発揮することが大事になるのです。

他社では1年かかっている新製品開発の期間を3カ月でできる体制にしたり、他社では5人で行っている同じ仕事を、2人でできるように考える、といった差を生み出すことが、お客さまの満足につながり、コストダウンをも達成することになります。

いずれにしても、こうしたことには新しい発想と勇気ある実行力が必要です。これから皆さんには、変化の時代に対応できる柔軟な発想力と実行力が期待されているのです。

CASE STUDY あなたならどうする？　どう考える？

自ら変化をつくり出す

Ｙ社は児童・生徒向けのノートを主力商品とする老舗の文具メーカーです。しかし、学齢期の子どもが減ったことなどから、ここ数年売り上げが伸びず、慢性的な赤字に苦しんでいました。Y社は状況を打開すべく、小売店への大規模な販売キャンペーンやテレビCMによるテコ入れなど、さまざまな施策を打ち出してきましたが、どれも売り上げ回復にはつながりませんでした。そこで、思い切って若手を中心とした部門横断のブランド戦略会議を立ち上げました。

社長自ら若手社員たちに、会社の危機的状況を熱心に伝え、何とか状況を打開する手立てを考えてほしいと伝えました。商品開発が、ながらく商品開発部と一握りの経営層だけで審議されてきたY社としては異例の取り組みでした。社員たちは、自分たちの力が必要とされていることを知り、真剣に意見を出し合いました。それまで役員会で出されていたアイデアは、従来のブランドを強化する意見ばかりでしたが、若手中心のブランド戦略会議では、“ビジネスシーン”でのノートの活用にスポットをあて、著名なビジネスリーダーとコラボレーションしたノートの開発など、これまでにないアイデアが多数出てきました。

この会議後、実際に若手を中心に、「ビジネスパーソン向けノート」の開発プロジェクトが立ち上げられ、商品開発から販売戦略までさまざまな新しい取り組みが行われました。その結果Y社の売り上げは徐々に回復し、３年後には黒字転換することができたのです。

これまでの実績や経験・ノウハウだけでなく、若手社員の柔軟な発想を受け入れ、前例のないプロジェクトを実施したY社の例のように、企業は常に変化を受け入れ、それらに対応していくことが求められています。

04 企業のコンプライアンス

▼コンプライアンスとは

コンプライアンスは一般的に「法令遵守」と訳されます。皆さんもニュースなどで企業が法令（法律）を違反したために市場からの撤退を余儀なくされたさまざまな事例を見ていると思います。

個人情報の流出事件や食品への異物混入事件など、一人の人間の行動が企業全体の信頼をゆるがす事例や、プライベートなSNSでの情報発信が思ってもみない問題に発展するなど、個人的な情報発信が拡散して企業に大きなダメージを与える事例などが後を絶ちません。社会で活動していくために、企業とそこで働く人々が社会規範を守ることは当然の義務です。その義務を軽んじたとき、企業は存続が危うくなる事態に陥り、さらに個人が罰せられることもあるのです。

▼コンプライアンスの重要性

企業におけるコンプライアンスとは、法律や社会の規律を守ることに留まらず、仕事をするうえで会社を取り巻くさまざまなステークホルダー（利害関係者）との関係において、企業倫理や行動規範なども含んだルールを遵守することでもあります。

コンプライアンスの徹底によってステークホルダーとの信頼関係が構築でき、会社の質の向上につながります。さらに、社員にとっても、まわりから信頼される質の高い会社にいる、という誇りが芽生えます。

◆企業にとって特に大切な法律

企業のコンプライアンスにとって特に大切な法律は次の3つです。

・独占禁止法

・下請法
・個人情報保護法
ここでは個人情報保護法について詳しく説明します。

個人情報の取り扱いについて

◆個人情報保護法

個人情報保護法は、個人情報の取り扱いに関する法律で、正式名称は、「個人情報の保護に関する法律」といいます。２００３年に成立し、翌々年に全面施行されました。

高度情報通信社会の進展にともない個人情報の利用が著しく拡大したため、有用性に配慮しつつ個人の権利・利益を保護する目的でつくられた法律です。

個人情報データベース等を事業活動のために利用している企業は、「個人情報取扱事業者」と位置づけられ、個人情報を預かっている人々に対して、その情報を不正な方法で取得しない、目的以外には利用しない、厳正に管理するなどといった責任をきちんと果たさなければなりません。

◆個人情報とは

個人情報は、生存する個人に関する情報です。特定の個人が識別できるものは個人情報と認められます。住所、電話番号、メールアドレスなども、他の情報と照合したときに、個人が特定できる場合は個人情報になります。

企業には、さまざまな個人情報が保管されています。正確性、安全性を確保するためにセキュリティ対策を講じることは当然の義務であるといえます。個人情報が記された書類やデータなどは厳重に管理しましょう。

◆個人情報保護法に違反するとどうなる?

情報漏洩などが起き、個人情報保護法に違反してしまったときは、被害者の苦情を迅速かつ適切に処理し、再発防止のために体制を整備することが求められます。ここできちんとした対応ができないと、行政処分が下る場合があります。行政処分の勧告に違反すると裁判所に起訴され、100万円以下の罰金か1年以下の懲役に処されます。

そして何よりも、個人情報保護法に違反したことによって社会的信用を失うことが、会社にとっては非常に大きな損失となります。

05

CSRとは何か？

企業が担う社会的責任

ＣＳＲ（Corporate Social Responsibility）とは、一般的に「企業の社会的責任」といわれています。それぞれの地域や会社により「社会的責任」に対する解釈は多岐にわたります。全体的には企業を取り巻くすべてのステークホルダーやものごとに対する関係を大切にし、これらにとって具体的かつ実効性のある配慮行動をとることなどを指します。そのなかにはもちろん、前項で学んだコンプライアンスも含まれます。

ではなぜ、企業は社会に対して責任を負わなければならないのでしょう？

それは企業が社会全体や、場合によっては地球そのものに対する影響力をもっているからです。その影響力は企業規模が大きいほど強くなります。

適正な企業活動ができず、不祥事により倒産というようなことになれば、従業員とその家族はもとより、株主や取引先、銀行、顧客などさまざまな人（ステークホルダー）に多大な迷惑がかかります。そして環境対策を怠れば地球は汚れ、さまざまな問題が発生します。

逆に、企業が率先して環境対策をしたり、地域活動に参加したりすれば、地球や社会の人々に対してさまざまな価値を提供できるのです。

また、社会に貢献する活動をすることにより、企業価値はより高まります。このことから、CSRとは相互扶助の考え方といえるでしょう。

これからの企業は、ただ利益を上げるだけではなく、その利益をいかに社会に還元するかが重要な課題になっていきます。CSRへの自主的な取り組みが求められているのです。

▼具体的な活動とは？

では、CSRで企業に求められる具体的な活動とはどのようなものでしょうか。

大前提は、お客さまにより良い製品やサービスを提供していくという本来の企業（事業）活動を継続的に行うことです。その他に、環境対策をはじめ、雇用の創出やボランティア活動、情報開示などがあげられます。

持続可能な社会へ向けて

2010年、すべての組織を対象とする社会的責任に関する国際的ガイドラインが策定されました。

これは、持続可能な社会への組織の貢献を促すもので、**7つの原則（説明責任、透明性、倫理的行動、ステークホルダーの利害の尊重、法令順守、国際行動規範の尊重、人権尊重）と7つの主要課題（組織統治、人権、労働慣行、環境、公正な事業慣行、消費者問題、地域社会への参画）**からなっています。

このような動きが高まっているなか、CSRは企業がより具体的なかたちで対応を求められる必須課題となっています。

たとえば、食品について例をあげてみましょう。近年、偽装表示や異物混入、食中毒、

CSRに基づいたさまざまな取り組み

▶地球への取り組み

・CO_2排出削減・リサイクル
・植林・水質保全・環境教育推進　etc

▶地域社会への取り組み

・文化活動の支援
・芸術活動の支援
・社員のボランティア活動の推薦 etc

▶お客さまや株主への取り組み

・品質保証
・情報開示
・お客様相談室設置 etc
・原材料表記
・株主還元

▶社員や会社関係者への取り組み

・働きやすい職場づくり
・公平な場所
・教育の充実
・公平な購買活動 etc

O－157など食の安全を脅かす事件が続発しています。

こうしたなか、企業は社会的責任を果たすべくこれまでの食品の衛生に関わる諸法規、規準から、さらにマネジメントレベルの向上や対象範囲を拡大した新たな規準を導入しつつあります。これらを満たすことは、その組織が食の安全にしっかりと取り組んでいるという証となり、消費者から信用を得ることにつながるのです。

CSRとは社会に対して、責任ある行動をとっていこうとする考え方です。そして社会全体に対して責任をとるというスタンスが、信頼を得られる会社に成長していくことにつながっていくのです。そのためには社員一人ひとりが社会人として正しい行動をとることが求められています。

06

経営理念・方針の重要性

▼意思のしっかりした会社

会社は人間ではありませんが、法律上では人格（権利・義務をもつ）を認められ、「法人」と呼ばれています。会社の仕組みを考えるうえでも人間にたとえてみるとわかりやすいでしょう。人間は心と体によって成り立ち、さまざまな活動を行っています。そして、心は人間一人ひとりの価値を判断するうえでもっとも大切なものです。いくら頭脳明晰で体力があっても心が貧しければ、社会の役には立てないからです。

会社は「経営理念」という経営者の心と、「経営方針」といわれる会社の活動の方向によって、1つの目的に向かって運営されています。

経営理念は会社の意思

「○○を通じて人々の暮らしを豊かにする」「世界的視野をもって考える」「お客さまと従業員の幸せを両立させる」といった言葉が、会社紹介のパンフレットやテレビのＣＭなどでよく見られます。これらは多くの場合、経営者の「こんな会社にしたい」「こんな生き方をしたい」という意思を表したものです。

これが経営理念といわれ、会社を動かすうえで欠かすことのできない基本的な考え方といってもよいでしょう。経営理念は社是・社訓・信条などともいわれますが、言葉として明文化されていない場合でも、経営者のあいさつや訓示にしばしば登場します。

会社で働く人々にとって、経営理念は憲法のような役目を果たします。そして、そのときどきの状況によって定める、法律にあたるものが経営方針です。「○○部門を強化する」「営業担当者の教育を充実する」など、一定期間の活動の方向を表します。

憲法に反する法律はありえないのと同じように、経営理念に反する方針はありえません。もし、理念や方針がなかったら会社の活動は無秩序なものになります。意思のしっかりした人間が周囲から信頼されるのと同様に、「意思のしっかりした会社」になるためには、経営理念や方針を社員全員が理解しなければなりません。

実際の活動への結びつけ

経営理念や経営方針は、全社員の日常活動に反映されなければ、何の意味ももちません。「地域に貢献する」とうたいながら、通勤途中でゴミを投げ捨てる社員がいたり、「時間の効率化」をめざしているのに、勤務中の私語雑談が多かったりでは、会社そのものが疑われることになります。経営理念・経営方針は会社内部のためであり、社外に対する公約でもあります。

優秀な会社には他の会社にはない「らしさ」が感じられます。「さすがにあの会社の人だ」という評判が、外部からの評価を一層高めることになり、内部に対しては社員の誇りを高めることになるのです。

07 組織の仕組み大解剖

会社の目的達成には、たくさんの人々が効率よく働く仕組みが必要です。必要な分担を決め、必要な人材を配置し、指示・依頼や報告・連絡の流れをつくる必要があります。このようにしてできたのが会社の組織です。新入社員として、まず全体像をつかみ、自分の部門、それに関係する部門からその業務を詳しくつかむようにするとよいでしょう。

階層と機能の2方向

一般的な会社（メーカー）を例にして考えてみましょう。会社は主に、事業を行うためにどのようなものをつくるかということを考え（企画部門）、それをつくり（生産部門）、つくったものを売り（販売部門）、またその活動を補佐するためにお金の流れを管理したり（経理部門）、働く人を支援・管理する（総務・人事部門）という機能で役割を分担しています。

このように部門を横断するヨコ割りの分担と、経営者や部長・課長と呼ばれる管理者、係長・主任・リーダーと呼ばれる監督者、そして一般社員という指示・命令系統の流れ、つまり各階層間の上下のつながりによるタテ割りの分担とで成り立っています。

しかし、いくら立派な骨格（組織）をしていても、そのなかに血液を注がなければ動き出しません。その血液の役割を果たすのがコミュニケーションなのです。

組織ではタテとヨコのつながりが大切になってきます。他部門や上司の役割を尊重し、まめに報告・連絡をし、わからないことは相談するという当たり前のことが、組織を円滑に動かす原動力となるのです。

▼ライン部門とスタッフ部門

部門別の役割分担は、ライン部門とスタッフ部門の大きく2つに分けられます。

ライン部門は、企画・生産・販売部門などの商品に直結した仕事を担当しているところです。それに対し、総務・人事・経理などの事務を主体とした部門をスタッフ部門といい、ライン部門が活動しやすくなるための支援をする仕事を担当しています。

スタッフ部門はライン部門に対してさまざまなアドバイスや依頼をします。また、ライン部門もスタッフ部門にさまざまな要望を出したりします。しかし、お互いが、自分の部門の立場にのみにこだわり、自部門の損得だけを考えていると、本来の役割分担のねらいが活かされません。

ライン部門とスタッフ部門はお互いの業務内容をよく理解し、尊重することが大切です。業務内容が違っても、同じ会社の社員として会社全体の利益を考えてお互いに連携することが求められるのです。

組織の仕組みを理解しよう

会社には経営者→管理者→監督者→一般社員という階層（タテ割り）と、機能（ヨコ割り）、そして商品に直結したライン部門と会社の運営や事務を主体としたスタッフ部門という枠組みがあります。

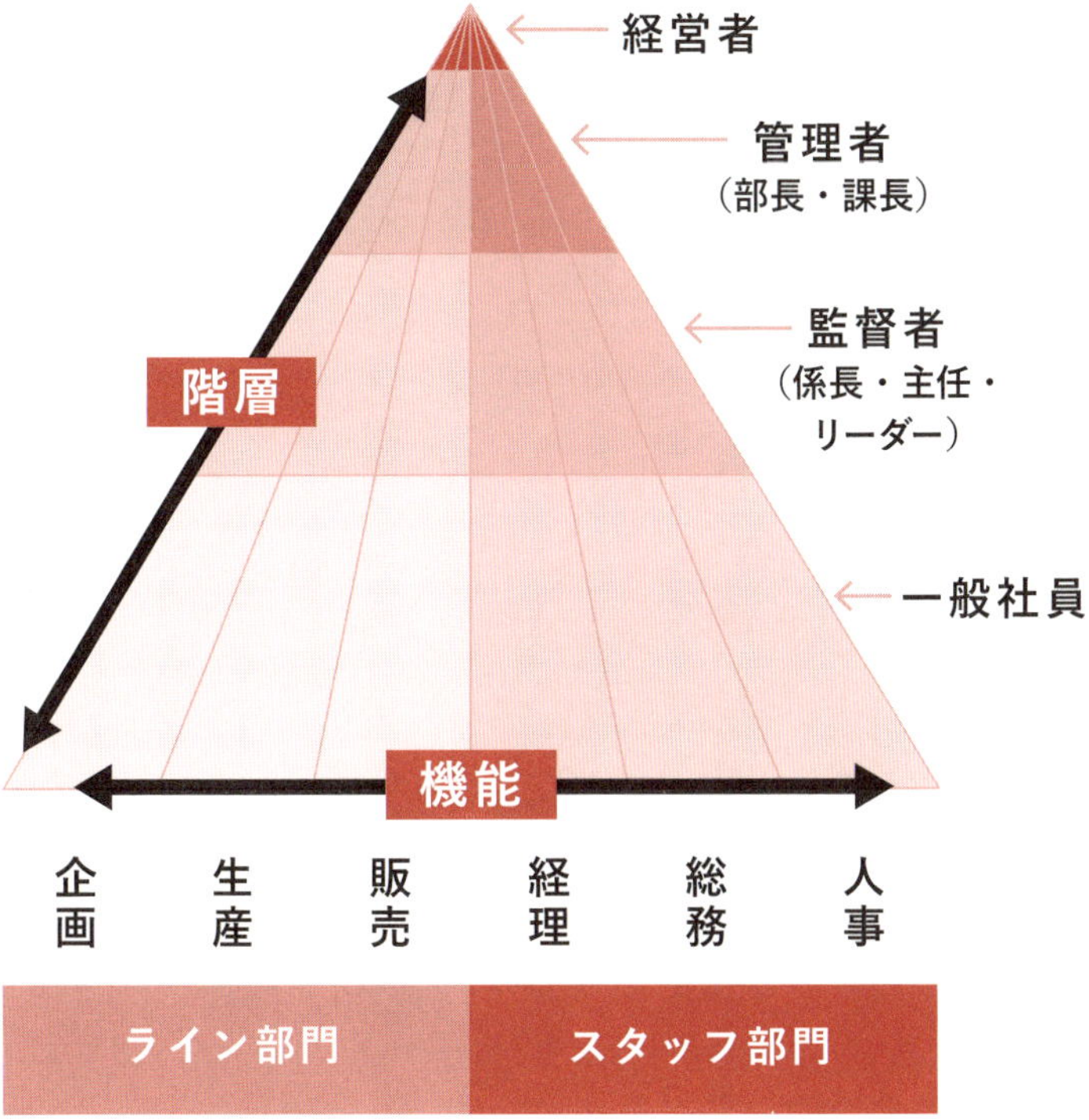

08 制度は社員と会社のかけ橋

会社のなかにはさまざまな制度（決まり）があり、その内容には会社独自の考え方が含まれています。それを守り・理解し・活用することは、業務を円滑に進め会社生活に潤いをもたらすために重要なことです。

▼守るべき制度

制度の代表的なものが、社員の就業（勤務）に関する事項を定めた「就業規則」です。他に仕事の範囲と内容を決めた「職務基準」、仕事の手順やルールを示した「業務規程」「業務手順」、決裁の範囲を決めた「決裁（権限）規程」など、会社によっていろいろな規則が定められています。

組織のなかでは、多くの人々が多種多様な仕事を同時に進めています。いろいろな規則を全員が守って仕事を進めることにより、多種多様な仕事が、1つの大きなつながりをもち、連携がとれるようになり、組織の力となっていくのです。

規則とは組織が相乗効果を発揮するために大切なだけではなく、まだ仕事に慣れていない人でも、読めばある程度行うべき仕事の範囲がわかり、ベテランから新人まで共通の基準で仕事が進められるようになるという大切な役割をもっています。また、職場ごとに取り決めた「業務分掌」や「役割分担」も、同様に大切な規則といってよいでしょう。

▼覚えておくべき制度

「人事制度」は社員の能力を発揮し、組織力を高めるためにある制度です。


人事制度の中身は細かく分かれており、「賃金制度」や仕事の成果や能力を評価する「評価制度」、等級に見合う能力を定め処遇する「職能資格制度」、適材適所や人材の育成のための「人事異動制度」、「教育制度」などがあります。

日本の会社は働く人の成長を前提として成り立っていることから、特にこのような人事制度を重視しています。なお、制度という形ではなく、経営者や管理者と話し合いで進めるところや、他に独自の制度を設けているところもあります。働きがいを左右するだけにその内容をよく知っておく必要があります。

▼積極的に活用すべき制度

会社の制度は、積極的に活用して自分のために役立てることも必要です。

たとえば「財形貯蓄制度」や「社員持ち株制度」、「スポーツ・文化サークル助成制度」などの福利厚生に関する制度にはメリットも多く、積極的に活用したいものです。また、「改善提案制度」といった会社の業績に直結するものもあります。この制度は従業員に会社の活動に関する改善案を募集し、実際に効果があった改善策を表彰するものです。

こうした制度を通じて、さまざまな人の知恵を引き出し、会社の発展に役立てているのです。

会社が定めるさまざまな制度

守るべき制度

就業規則	労働時間の規定や給与・賞罰に関することなど、その会社で働くために守らなければならない基本的な規則。
職務基準	仕事の範囲とその仕事にどの程度の職能レベルが必要とされているかなどを定めた基準。
決裁(権限)規定	会社内で各役職や部署にどのような決裁範囲や権限があるかを定めた規定。
業務規程	仕事の手順やルールを示すもの。

覚えておくべき制度

人事制度	昇給や昇格の基準や評価制度、賃金制度など、人事全般に関わることを定めた制度。
賃金制度	業績給、成果給、職能給、年俸制など、社員に対して誰がどのような基準で評価するかを定めた制度。
評価制度	人事考課、職務評価、役職評価など、社員に対して誰がどのような基準で評価するかを定めた制度。
職能資格制度	社員の能力や熟練度によって等級を定め、処遇する制度。
人事異動制度	企業内外の配置転換、出向や転籍、昇進、昇格、職種変更、職務や勤務地の変更などを定めた制度。
自己申告制度	社員が職種や勤務地などの希望を会社に申告し、本人のキャリア開発を支援する制度。

活用すべき制度

財形貯蓄制度	給与から一定額を天引きし、会社を通じて積み立て貯蓄する制度。
社員持ち株制度	自社株式の取得や保有に便宜を図り、財産形成を奨励する制度。
育児・介護休業制度	幼い子どもや介護が必要な家族をもつ社員が、育児介護をするために一定期間休養できる制度。
改善提案制度	社員から会社の活動に関する改善案を募集し、実際に効果があった改善策を表彰する制度。

09

多様性を受け入れる意識をもつ

街を歩いている3人に1人は65歳以上のシニア、といわれています。少子高齢化の進んだ今の日本では、65歳まで雇用する企業が当たり前になり、女性の活用も進み、障がい者雇用も増えています。また、外国人労働者も増えています。

かつての高度経済成長期のように働き盛りの日本人ばかりが街にあふれていた時代とは異なり、現在の日本は、外国人、高齢者、障がいのある人など、多様な人たちが当たり前に街を歩き、組織で働き、旅行や食事、遊びを楽しんでいます。

皆さんの職場でも、多様な人たちが共に働いている状況が当たり前の環境になるでしょう。当然、皆さんの会社のお客さまも同様に、多様化しています。

▼ダイバーシティを理解する

ダイバーシティとは「多様性」または「多様性を受け入れる」という意味です。

性別、年齢、使用言語、国籍、身体的特性などは一人ひとり違います。また、妊娠中や子育て、介護中の人、ケガをして手や足が自由に動かせなくなっている人など、一時的に普段と違う状態になっている人たちもいます。さらに、人種、文化、宗教、学歴、未婚・既婚、収入の多寡、食事の制限など、違いを挙げたらきりがありません。

このように「世の中にはいろいろな人がいること」＝「人は多様であること（ダイバーシティ）」を理解し、互いに認め合っていくことが、これからの社会人にとっての重要な考え方やマナーになってきています。

▼法律も多様性を推進している

1985年に男女雇用機会均等法が制定され、職場において男女の差別が禁止されました。2021年には「改正高年齢者雇用安定法」が施行され、現行法で定められていた65歳まで定年を延長する義務に加え、70歳までの就業を確保する措置をとることが企業に努力義務として追加されました。

また、2024年に「障害者雇用促進法」が改正され、「障害者差別解消法」も2016年から施行され、2021年に改正されました。

同法では、障がい特性により配慮が必要なことについて、企業が責任をもって配慮する環境を促進するよう「合理的配慮」を義務づけています。また、国を挙げて女性の活用が推進され、女性管理職の増加、子育て中や介護中の社員への配慮が喫緊の経営課題となっています。こちらも合理的配慮が促されるでしょう。

互いの違いを認め、互いを受け入れながら、社会や組織を維持・発展させていこうとする考え方は徐々に広まっています。多様性を活かして協働することが、実は大きな成果につながることが次第に理解されるようになってきているのです。

国の法制度とダイバーシティ

▶ 全員参加の社会に向けて、国も法制度を整えている

改正障害者雇用促進法

2013年施行

- **雇用に関する障がい者への差別禁止**
- **職場の職場改善の促進、雇用率アップ**
- **精神障がい者雇用の義務化**

2011年に障害者基本法が改正され、障がい者を、「保護の対象」から他の人と同じように、「権利の主体」として位置付けた。2016年施行の障害者差別解消法が2021年に改正され、2024年4月から企業は商品やサービスに障がいがあっても利用できる配慮をすることが義務化された。

改正高年齢者雇用安定法

2013年施行

- **高年齢者の雇用確保を目的に事業主に雇用の延長を求める**

公的年金の受給開始年齢の段階的引き上げに対応し、希望者全員が定年後も働き続けられるよう雇用を義務化。年金受給開始年齢の引き上げに合わせて、雇用を義務づける年齢を引き上げる。

男女雇用機会均等法

1986年施行

- **職場における男女の差別を禁止する**

1999年の改正法施行と同時に男女共同参画社会基本法が成立し、育児休業法、介護休業法も男女に適用された。2013年の改正では間接差別の禁止が付加され、2014年には女性の管理職登用や活躍の推進を国の方針と位置づけている。2020年の改正では職場のパワーハラスメント防止措置の義務付けや、セクハラ防止対策の強化が行われた。

▶ ダイバーシティの種類

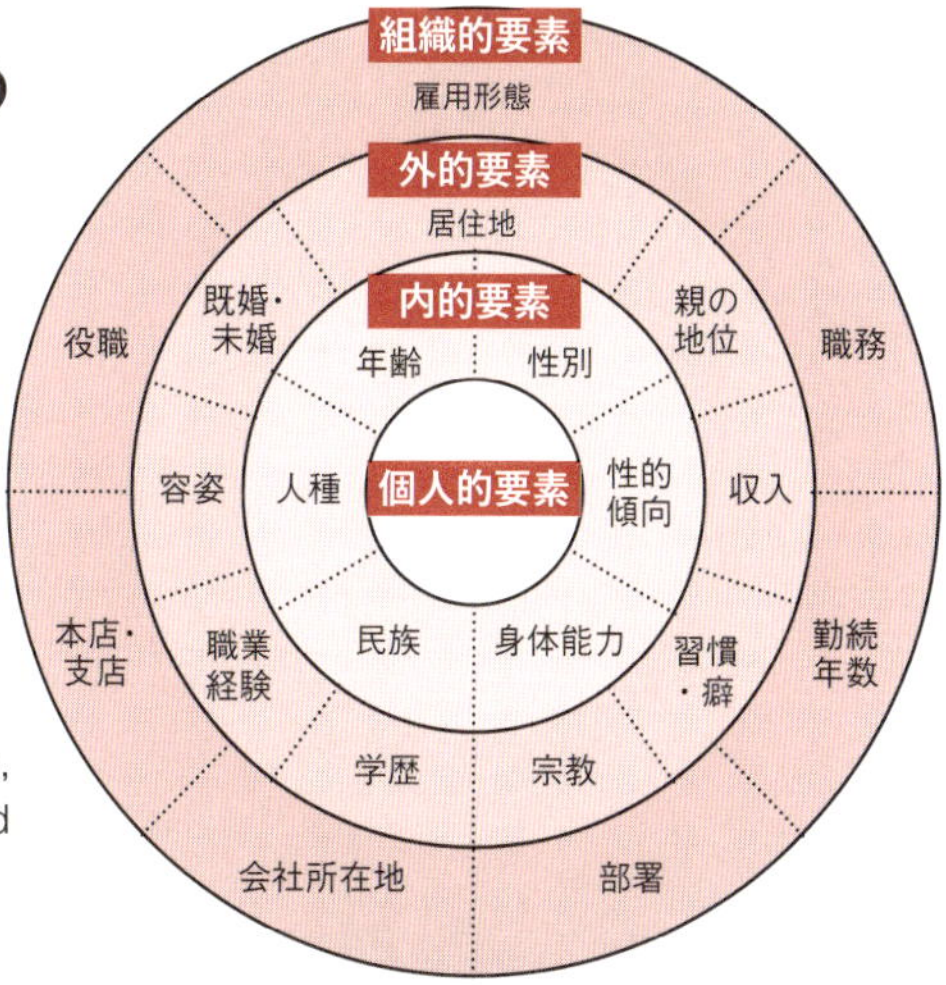

出典：Divers Terms at Work, Gardenswartz&Rowe (2nd Edition, SHRM.2003)

10

職場の多様性（ダイバーシティ）を活かす

同じ価値観や生活習慣、能力をもつ人材が集まった組織よりも、多様な人が活躍できるダイバーシティな環境のほうが、新たな価値を生み、成果を上げているといわれています。つまり、違った発想、異なる意見、異なる能力をもつメンバーがお互いを受け入れながら仕事を進めることが、固定観念に縛られない新たな発想を生む土壌になるのです。

違いを価値と捉えることで、この変化の激しい社会の新たなビジネスのシーズ（種）を見つけやすい環境が生まれることがわかってきました。

▼違いを理解し、受け入れる

違いが価値を生むためには、まず、お互いの違いを正しく理解することが重要です。

「自分の特性と違った人と話すのは難しい」と、最初は誰もが感じます。

でも考えてみてください、世界中にあなたとまったく同じ考え方や好み、容貌の人がいるでしょうか？

親兄妹でさえ考えや好みが全く同じではないはずです。人は誰もが違います。あなたは世界で唯一無二の存在なのです。そして誰もが尊厳のある大切な人なのです。

違うのが当たり前、だから確認する

人は誰も違うのが当たり前なら、自分の考えがみんなと同じではないのも当たり前のこと。そう考えれば、自分の考えが必ずしも正しいとは限らない、ということに気づくでしょう。

高年齢者と一緒に仕事をする場合も多くなります。障害者手帳を持っている人と働くことも多くなるでしょう。子育て中で時短勤務の先輩もいるでしょう。外国籍の社員もいるかもしれません。そうした職場では、日本語だけでスムーズに仕事が進まないこともあります。いくつかの外国語、筆談や手話が必要な場合もあるでしょう。

多様な人がいれば、考え方も人によって違います。自分の言った言葉も、相手の経験や価値観によって多様に受け取られることになります。上司や先輩の指導も、その人の経験や背景によって内容の受け止め方や深さが違うこともあります。

このように、さまざまな背景や状況、経験のある人が集合する職場では、まず、相手の特性を理解し、学ぼうとする姿勢が大切です。

その仕事をどのように進めていくか教えてもらう、仕事の進捗状況を報告するといったコミュニケーションの場面で、先輩や上司が教えてくれる仕事の内容を聞きながら、相手の伝えたいことを自分が十分理解できているかを自分の言葉で繰り返して確認することが、仕事を覚えるうえで欠かせません。多様性のある社会では、相手の特性を理解し、互いにしっかりとコミュニケーションをとっていくことが鍵となります。

わかったつもりにならないで、一つひとつていねいに確認していくことが、多様な人たちが共に働く組織では欠かせないマナーといえるのです。

11

グローバル感覚を養成する

変化する労働環境に対応する

数年後にあなたは海外に赴任しているかもしれません。配属先の上司が外国人かもしれません。さらに担当するお客さまが外資系の企業だったり、外国人だったりすることも当たり前になってきました。また、取引先の担当者や先輩、一緒に働く仲間に外国籍の社員がいるかもしれません。このように急速なグローバル化と技術革新とが相まって、組織のあり方や、働き方などビジネスを取り巻く環境は大きく変化しています。

これまで、日本企業のグローバル化といえば、アメリカやヨーロッパなど先進国の市場拡大から始まり、安価な労働力を求めて中国をはじめにアジアへ生産拠点を移転する段階を経て、海外の販売・生産拠点における経営の現地化を推進するという流れで進んでいきました。

しかし、これからは、組織そのものをグローバル視点でとらえ世界の最適地へ拠点を配置する動きが進んできているのです。また、あなた自身が海外に赴任するだけでなく、親会社が外資になったり、重要な取引が海外で行われたりするということが当たり前になるのです。

今後企業は、こうした環境のなかで生産性を上げていくために、あらゆる人材が海外と接点をもつことを視野に入れ、人材を確保することになるでしょう。

これまでのような海外に赴任する少数の人たちだけに求められてきた能力が、より多くの人に求められるようになるのです。

世界で役立つ人材になる

こうした社会的背景のなかで、国内だけでなく国外でも通用するグローバル標準の知識やスキルを身につけることが必要となります。

グローバル化について

暮らしのなかのグローバル化

グローバル化はさまざまなところで進んでいます。ヒトやモノだけではなく、情報やサービスにまで広がっています。私たちの生活は、もはや自国だけで成り立っているのではなく、世界中の国々によって支えられているのです。たとえば、今や私たちの生活に欠かせないものとなったスマートフォン。この身近な製品もさまざまな国の分業で成り立っています。

国内外で活躍できる実力を磨こう！

グローバル人材になるためのステップ

グローバル視点での事業開拓・運営

グローバル標準のマネジメントの基本
（マーケティング・アカウンティング・戦略・MOTなど）

海外とのビジネスに備えた知識・スキル
（語学・海外取引の基本・貿易実務など）

国内外で共通して求められるグローバル標準のスキル
（コミュニケーション、マナー、プレゼンテーション、ミーティングの技術など）

コミュニケーション力

ポイント

グローバル化に対応するためには語学だけでなく、国内でも国外でも通用するビジネスパーソンとしての力を順を追って磨いていくことが大切です。

円滑なコミュニケーションのための語学はもちろんのこと、グローバルな視点で市場や他企業の動向などに関心をもち、さまざまな国の文化や慣習なども自身で積極的に学ぶなど、日々、自己研鑽することが大切です。また、日本の常識が、ある国では非常識、ということもあります。自分の好みや思考だけでは通用しない時代なのです。

逆にいえば、できるだけ多様な人と仕事をし、友だちになり、自分と違う考え方や感性、習慣・文化を学び、コミュニケーション手段としての語学やＩＴなどを活用することで、今までとは大きく違った世界が広がり、思いもかけない可能性が広がっていくでしょう。

異なるバックグラウンドをもつ人たちと仕事をするためには、プレゼンテーションやミーティングの技術、プロジェクトマネジメントなどの国内、国外を問わず求められるビジネススキルの習得が不可欠です。国内外で活躍するためには、これまで以上に多様な知識・スキルを身につけることが求められます。

世界で活躍するために、あせらず、一つひとつ着実に身につけていきましょう。

12
お客さまは誰？

お客さま第一主義とは

お客さまが大切であることは、「会社に直接利益をもたらしてくれる存在」であることから、いうまでもない大前提です。しかし、この気持ちが組織のすみずみにまで浸透していなければ、会社の信用が失われます。お客さま第一主義とは、会社の事情より、お客さまの事情を優先するという考え方です。

社内の人や仕事などの事情は、お客さまにとっては何の関係もありません。「相手は何を求めているのか」を考えて行動することは、仕事のあらゆる場面で必要になります。その考えに基づいた行動ができれば、お客さまの満足を得られるとともに、仕事もプラス方向に動きます。そして、あなたも成長していくのです。

社内にもいる「お客さま」

もう一つの大事な点は、社内での自分の仕事が「誰のための仕事か」を考えることです。最終的にはすべて「お客さま」につながりますが、たとえば営業事務の仕事であれば、直接的には営業担当者が仕事を円滑に行えるように支援するという目的があります。その意味で「自分の仕事のお客さまは営業担当者」という考え方ができます。

したがって、仕事を進めていくなかで、営業は何のために活動しているのかを推察して対応することが求められます。

この考え方は、会社のどの部門でも同じです。生産部門が製品をつくって、その製品の魅力がお客さまに伝わり、買ってもらってはじめて会社の利益につながります。その意味では「生産部門のお客さまは販売部門」であるといえます。

このように「自分の仕事の後工程はお客さま」という考え方は、チーム力を高めるためにもなくてはならないものです。

CASE STUDY あなたならどうする？ どう考える？

“後工程はお客さま”という意識をもつ

営業部に勤務するAさんは、お客さまであるM工業の担当者からの電話を受けました。

M工業　「昨日の注文の件だけど、納品はいつになるかな？」
Aさん　「注文の件、とおっしゃいますと？」
M工業　「昨日、お宅のBさんに伝えた件だよ。聞いてないんですか？」
Aさん　「そうでしたか、連絡が悪く、申し訳ありません…」

AさんはM工業から改めてご注文の商品名と数量を確認し、さっそく工場に手配しました。

夕方になり、営業先から戻ったBさんに「M工業様からの注文の件、先ほど担当者さまからお電話をいただいてしまいました。幸い工場への手配は間に合いましたが……」と伝えると、「Aさんも工場に連絡してしまったんですか？　昨日私も手配したのに！」とBさん。

Aさんはあわてて工場に重複を伝え、１つを取り消してもらいました。

会社は目的を達成するために組織をつくっており、組織一つひとつがそれぞれの役割を果たすことによって、仕事を円滑に流し、お客さまのニーズに応えています。

自分の仕事が直接にお客さまとつながっていなくとも、組織の一人ひとりが、自分の仕事がどのような役割を担っているかを理解しながら、次の工程の人にていねいに、確実に仕事をつなげることで、その次の人、さらに次の人…と流れていき、最終的にお客さまの満足につながっていきます。

このケースの例でいえば、Ｂさんが工場に手配した段階でＡさんに一言報告していれば、Ａさんもすぐに納期をお客さまに伝えることができ、工場への手配も二重にならずにすんだはずです。

自分の仕事が、職場の誰に関わりがあるのか、共有すべき情報は何なのか、常に考えるようにしましょう。

13 お客さまの心をつかむ

お客さまの要望をつかめない会社、つかんでも対応できない会社は例外なく社会から消えていく運命にあります。

特に近年では「今までより早く」「一括ではなく別々に」「標準品ではなく、自分に合った特別のものを」といった、きめの細かい対応を必要とされる要望が増えています。必然的に今までの仕事の進め方を変えなければ、そうした要望に対応することはできません。

お客さまに頭を下げたり、ご機嫌をとることだけがお客さまを大切にすることではありません。お客さまを大切にするとは、お客さまの欲するもの、すなわち仕事や生活に本当に役立つものを提供することなのです。

聞こえる声と聞こえない声をつかむ

お客さまの要望をつかむには、まず、直接耳にすることに注意することです。しかし「○○してほしい」と直接言われても、それだけでは何をすればよいかわからないことがあります。たとえば「使いやすい商品が欲しい」と言われても、どんなところをどんなふうに使いやすくしてほしいのかという具体的な要望を確認することが大切です。なかには「○○してほしい」というはっきりとした声で伝わってこない要望もあるでしょう。

得意先や他部門からのクレーム（苦情）、たびたび起こる仕事のミス、上司から叱られたことなども広い意味での要望です。「注文どおりの商品が届かない」というクレームは、届ければすむというものではありません。二度と同じことが起きないように、原因を調べて対策を実施するところまでを、お客さまは要望しているのです。

ときには、こちらから聞かなければ表面に出てこない要望もあります。新しい製品・サービスを開発するときには「何が望まれているか」をつかめなければ、良いものはつくれません。また、社内でも周囲の人の要望が、常に自分に直接伝わってくるとは限らないのです。変化の激しい時代には、自分から行動して要望をつかむ仕事のやり方がますます重要になります。

▼やりやすさより、どう役立つかで対応する

お客さまの要望に対応するには、今までの仕事の進め方を考え直してみる必要があります。

以前、百貨店には統一した販売マニュアルがありましたが、マニュアルどおりに接客しても、お客さまの満足を得られない売り場が出てきました。「安心できるブランドであれば価格は高くてもよい」というお客さまもいれば、「同じものなら少しでも安いものがよい」というお客さまもおり、お客さま一人ひとりのニーズは必ずしも一様ではないからです。

若者の衣料・服飾品などの売り場では、販売員の商品説明を参考にするよりも、お客さま自身が自由に選びたいという要望が強くなり、これまでマニュアルにあった「積極的なアプローチ」は、逆効果になっているともいわれます。

そこで「お客さまと同じ視点」で売り場を運営するために、従来、別々であった仕入れと販売を一緒にして、できるだけお客さまと同じ感性の販売員に任せることにしたのです。もちろん販売員は、今までの売るだけの仕事から、仕入れ、販売という複数の仕事を同時に行うために忙しさは増しましたが、お客さまの満足度は向上し、仕事のやりがいも高まったのです。

このようにお客さまの満足度を最大にすることを中心に考える経営のことを**「CS（Customer Satisfaction＝顧客満足）経営」**と呼んでいます。やりやすい、やりにくいという判断の前に、まずはお客さまにどう役立つかという視点で考えてみるという姿勢が社内・社外を問わず求められています。

14 見えないコストを把握する

▼見える経費だけがコストではない

仕事のコストとは、仕事の目的を達成するために必要なものです。1つの仕事をするためには、直接金額には表れないさまざまなコストが発生します。

何かを探す時間や、効率の悪い仕事の進め方をした結果の残業代、ミスの修正時間、必要以上に長引く会議など、本来なら使わずにすむコストがたくさんあるのです。特に、人のコストと時間のコストは直接目に見えないだけに、仕事のやり方を目的にてらして、ムダのない方法で行うことが必要です。

仕事はその目的に応じて最小限のコストで行うことが基本です。1人の小さなムダは、会社全体では大きなムダの蓄積となって、せっかく生み出してきた利益を圧迫することにもなります。そして、業績の悪化や信用の低下などさまざまな悪条件が生まれ、結局はそこで働く人々にマイナスの影響を与えてしまうことになるのです。

見えないコストを最小限に抑える

では、見えないコストはどのように抑えていけばよいのでしょうか？

一番の対策は会社で働く一人ひとりがコスト意識をもつことです。身の回りを整頓して仕事がスムーズに行える環境を整えることや、残業をしないための効率的な仕事の進め方、ミスを出さないための確認作業の徹底、ムダな時間のない中身の濃い会議など、すべてはそれぞれが自己管理をしっかり行い、心がければ達成できることです。

見えないコストは、見えないがゆえに忘れられがちになりますが、実は見えるコスト以上にさまざまな仕事に影響を及ぼします。見えない物事にも意識を置いて、常にムダなコストを発生させないように努力することが求められます。

15

ムリ・ムダ病にかからない

消費には、経済を動かす効果があります。消費することは快適で豊かな生活を営むために必要です。しかし、それが浪費になるとさまざまな問題が起こります。

人間の体の維持のために栄養分を摂取することは大切ですが、必要以上の栄養は、逆に健康を害することにもなります。その点は会社も仕事もまったく同じで、経営資源といわれるヒト・モノ・カネ・時間を、効果的に使わなければなりません。

資源は無限にあるものではありません。限られたものです。「ムダ」という状態はどのようなことを指しているのでしょうか。日常に見られるムダの姿を今のうちから頭に入れて、ムダに対する感度を高めておきましょう。

ムダは肥満、ムリはやせすぎ

「ある目的を達成するための手段が、必要より多い場合をムダ、必要より少ない場合をムリ」といいます。おなかがすいたときにレストランに行く場面で考えてみましょう。

おいしそうなメニューを前にして思わずたくさん料理を注文して残してしまう場合（ムダ）や、少しの料理で何とかおなかを満たしてしまおうとする場合（ムリ）を考えてみるとよいでしょう。

どちらもよい状態とはいえませんが、ムリならば気づいたときに補給することで、もとに戻る可能性があるのに対し、ムダは一度使ってしまったものはもとには戻らないというところにポイントがあるのです。

ムダの排除の習慣づけ

ムダを許してしまうということは、1つの習慣であるといえます。身近にあるムダは、意識するだけでその多くがなくなるものなのです。

たとえば、

●使用していない部屋についている照明
●ゴミ箱に捨てられたコピーミスの用紙
●必要以上に調達した事務用品
●整理整頓不足による探しもの

の時間などは、比較的よく見られるムダといってよいでしょう。

さらに、公私のけじめが不足しているために起こる私用電話やメール、仕事中の私語、雑談、私用の買い物などもムダの代表例といえます。

また、最近では資源の再利用の観点から、職場のなかでも積極的にリサイクルに取り組むことが当たり前になっています。使用済みの封筒を社内の連絡用として何回も使ったり、不用な紙の裏をメモ用紙に使うことなどは、多くの会社で広く行われるようになっています。

「ムダを発生させない会社」というイメージは、会社のなかだけでなく、いまや会社そのものが社会から信用されるための条件にまでなってきました。有限な資源を有効に活用することは、自分の信用づくりに欠かすことができない条件となっているのです。

16 品質を徹底的に守る

品質の2側面

品質という言葉ですぐにイメージするのは「製品・サービスの品質」です。消費者にとっては、使いやすい・壊れない・見栄えが良いといったことが、品質が良い条件になります。また、製造に携わる人にとっては、あらかじめ決められた値と合っているかどうかで品質は決まります。つまり、常に100%の合致が求められ、90%でも120%でも不良になってしまいます。

71ページのケースに出てくる「カレーパンの具」はまさにこの例で、「多い分には問題はない」という主観のみに基づいて仕事をしていたことが、品質を下げる原因になったの

品質を見誤ると仕事はうまくいかない

調理パンを製造する会社で働いているCさんは、パンの中に決められた量のカレーの具を詰め込む仕事を担当することになりました。ある日、最後の１個を詰め込もうとして、材料の具が多めに残っていることに気づきました。今日の製造予定はこの１個で終わりなので、残った材料は処分しなければなりません。そこでCさんは「具がたくさん入ったパンなら、お客さまにきっと喜ばれるに違いない」と思い、軽い気持ちで、最後の1個に具を多めに詰め込みました。
翌日の午後になって営業所から製造課長に「お客さまから２個買ったカレーパンのうち、１つの中身が少ないという苦情が販売店に来ている。直接こちらからお客さまに説明とお詫びにお伺いすると返事をした。原因を調べて報告してほしい」という電話がありました。

一方、営業所勤務のDさんは販売店からの連絡に半信半疑の思いでしたが、製造課から「片方の中身が少ないのではなく、逆に多かった」という報告を受け、胸をなでおろしてお客さまのお宅に伺いました。

伺ったお宅の奥さんがDさんに「自分の子どもと遊びに来ていた友達の２人におやつとしてカレーパンを与えたところ、中身の多い少ないでケンカになり、友達が泣いて帰ってしまった。食べかけのパンを調べたら、明らかに具の量が違うことに驚いて電話した。子どもの友達のお宅にも迷惑をかけ気まずい思いでいる」と、話しました。
「本当に申し訳ございません。早速に原因を調べましたところ、製造課の者が1 つだけふだんより多く具を入れてしまったことがわかりました」と言って、持参したかわりのカレーパンとお詫びの品を差し出そうとすると「そんなことをしてもらいたいと思って電話したのではないのですが…」と、ますます不機嫌な表情になってしまいました。

です。

▼仕事の品質には明確な答えがない

もう1つの品質は「仕事の品質」です。

ケースにおけるDさんの顧客対応は、なぜまずかったのでしょうか。それは相手の要求している条件を満たしていなかったからです。気まずくなった子どもの友達のお宅にも配慮してほしいという、お客さまの気持ちがくみ取れなかったことで、品質の悪い仕事になってしまったのです。

このように仕事の品質には、製品・サービスの品質と違って明確なめざすべき基準がありません。「何が求められているのか」というお客さまの要望をつかみ、そのためには、どんな条件を満たすべきかを知ることが必要です。

仕事の品質は、製品・サービスの品質と違い自己判断の余地が多いだけに個人差が大きく表れるものです。自分の信頼性は仕事の品質とイコールであり、まず正しい仕事のしかたを覚えることが大切です。

17 正確、スピーディーに

仕事の品質を良好に保ち、さらに磨きをかけるには「初めは正確な仕事をして、次に処理を早めていく」ことが求められます。

仕事のうえでの小さなミスが大きなトラブルにまで発展してしまう事例は後を絶ちません。封筒の宛名が不十分で書類が期日までに届かなかったり、使用した材料が強度不足で欠陥製品になったり、問題がある仕事の原因を突き詰めると、ほとんどが人為的ミスといってよいものばかりです。

▼正しい仕事の基本は「確認」

正しい仕事はすべて「確認に始まり、確認で終わる」といってよいでしょう。

「忙しさに追われ確認を忘れた」「今まではうまくいっていたので確認は必要ないと思った」「疲れていたので集中力がなくなってしまった」などと言っていては、いつまでたってもミスをゼロにすることはできません。人間のやることだから完全はないと割り切ることは、努力を放棄したことにもつながり、そのような意識がミスを呼ぶのです。

そこで、新人時代は5W2H（75ページ参照）による仕事の確認を習慣づけることで、仕事の確実性を高めていくようにしましょう。仕事の確認にはこの他に、WHOM（誰に）を加えた6W2Hや5WプラスHOWのみの5W1Hなどの言い方もあります。

▼品質の維持から向上への道

正確な仕事をすることが習慣づけられたら、次はより早く処理できるように努力することが大切です。正確さをおろそかにして、早くすることばかりに気を取られすぎると、いつまでたっても仕事の品質は低いレベルで止まってしまいます。仕事の早さにチャレンジするには正確にできることが大前提です。

仕事の早さは、慣れることである程度まで向上してくるものです。だからこそ、一定の

仕事の確認は5W2Hで！

5W2Hとは？　下記の7つの要素を押さえることで、仕事上のさまざまなことをもれなく確認することができます。確実性の高い、正確で信頼の得られる内容の仕事をするために、ぜひ覚えておいてください！

5W

When　いつ（時間）
納期はいつか、打ち合わせは何時かなどの時間を確認する。

Where　どこで（場所）
どこでするのか、どこで会うかなど場所を確認する。

Who　誰が（人物）
誰とする仕事なのか、誰からの連絡なのかなど人物を確認する。

What　何を（物事・対象）
仕事の内容は何か、優先順位はどうかなど物事や対象を確認する。

Why　なぜ（理由・目的）
何のためにするのか、なぜ必要なのかなど理由や目的を確認する。

2H

How　どのように（方法・手段）
どういう方法・手段で仕事を進めるのかを確認する。

How much / many　どのくらい（金額・数量）
関わってくるものやお金が、
どのくらいの金額・量なのかを確認する。

仕事量をこなすことが必要になります。たどたどしいパソコン操作も毎日やっていれば自然と上手になるのと同じです。また、仕事が遅れる原因の1つに、期日に余裕がある仕事を後回しにしてしまうことが挙げられます。

仕事をするときは「今日できることは今日中に」が原則です。逆に、自分だけではできそうにない仕事を、無理していつまでも抱え込まないことも大切です。

正しく、早く仕事をすることは、仕事の品質を維持するうえでの基本条件であり、これをマスターしてはじめて、どのようにしたらより良いものができるかという、品質向上を考えることができるようになるのです。

18

期限は絶対厳守

仕事には必ず期限〈納期〉がある

仕事には、必ず期限（それを「納期」といいます）があり、最初に決めた期限を守らなければ、その期限に合わせて仕事の段取りをしている後工程の関係者に迷惑をかけることになります。期限は過ぎてからでは取り返しがつきません。

まず期限を守ること。そして「このままでは間に合わない」と思ったときには、関係する人々へ報告・連絡・相談をすることが必要です。そのためには毎月、毎週、毎日、決まってしなければならない仕事を先延ばしにせず、前に学習したように、「できるものはすぐにやっておく」という習慣をつけることが大切です。

日々の仕事のスケジュールを立て、時間を有効に使って予定どおりに終わらせていくことが、突然の仕事やトラブルにも対応できる、仕事の余裕を生み出すことになります。

期限を守らないとどうなる？

期限を守れなかった……

↓

お客さま、職場の仲間、会社に多大な迷惑をかける

↓

信用がなくなる
（やっぱり彼〈彼女〉には無理だったか……）

↓

お客さまから依頼が来なくなる
（あの会社はいいかげんだから頼むのをやめよう）

↓

社内で責任ある仕事をもらえなくなる
（彼〈彼女〉に任せると危ない）

↓

成長する機会を失う
（なんだか、近ごろ大きな仕事を
依頼されることがなくなったな）

↓

能力がアップしないまま日々が過ぎてしまう
（このままでいいんだろうか……）

19 時間を管理する

「時間」ほど、すべての人々に平等に与えられているものはありません。それだけに時間を価値あるものに変えられる人と、無為に過ごしてしまう人とでは大きな差が生まれます。

仕事の能率の差は、時間の使い方の差であるといっても過言ではありません。

「時間に追われる」「時間がない」というのは、時間の使い方に問題がある証拠で、時間に管理され振り回されている受け身の状態であることを示しています。

時間を自分の味方につけて、自分で積極的に管理できるようになることで、仕事の楽しさも感じられるようになるのです。

▼ムダな時間をなくす

会社では、時間もコストとして考えます。ムダな時間とは、時間を使っても、価値を何も生み出さない時間をいいます。

たとえば、

- ●何かを探している時間（書類・事務用品・電話番号・人探し）
- ●待っている時間（連絡・電話・電車・来客などの待ち時間）
- ●目的とはずれた会話の時間（仕事中の私語や会議での雑談）
- ●仕事以外の考えごとの時間（悩み・遊び・趣味などで頭がいっぱい）
- ●ミスの修正時間（やりなおし・クレーム対応の手間）

などがその例で、こうした時間が多ければ多いほど、仕事の能率は下がっていきます。

また、単に自分の仕事にとってマイナスになるだけではなく、他人の時間をも使うことになるので相当の注意が必要です。
まさに「時は金なり」で、直接見えないお金（コスト）がいろいろなところに捨てられているともいえます。

▼時間を生み出す

価値ある時間を生み出すには「ムダな時間の発生を未然に防止する」ことと、「役に立つ時間に切り替える」という2つの方法があります。

何となく1日が終わってしまうということの繰り返しでは、時間のムダはなくなりません。1日の仕事のスケジュールを立てることが、時間管理の基本です。仕事を始める前に、今日やるべきことを整理し、重要な仕事に重点的に時間を使えるようにしておくことが大切です。

「自分の行動を事前に明らかにすること」がスケジュールの意味であり、その段階でムダがないように対策を講じておくのです。その意味から手帳を活用することも非常に意味がありますので、早めに慣れておく必要があります。

また、待ち時間には部門の回覧や業界誌を読むなど、考えればいくらでもすることが見つかるはずです。こうした、わずかな時間の積み重ねは、長い間に膨大な情報の蓄積になり、仕事のうえでも大いに役立ちます。

第2章

新卒1年目の
仕事の基本

PART 2 /3

01 あいさつから始めよう

▼やさしくて、難しいあいさつ

新入社員にとって、職場で出会うほとんどの人は初対面です。最初の印象は大切であり、正しいあいさつができるかどうかは、印象を決める重要なポイントです。あいさつをすること自体は簡単なはずですが、普段からしていないと、いざというときには緊張して意外とできなくなるものです。やさしくて、難しいのが「あいさつ」なのです。

▼あいさつは人間関係の潤滑油

「朝から気持ちのよいあいさつをされたことで、その日1日とてもいい気分でいられた」という経験をしたことがある人は多いでしょう。「前日、ささいなことで言い争いをした人に、翌朝『おはよう！』と一言笑顔で声をかけられ、わだかまりがすーっと消えた」という話を聞いたことがありませんか？

気持ちのよいあいさつは、相手に良い印象を与え、人間関係を円滑にします。

新人のころは、何となく気後れしたり、何と言っていいかわからなかったりして、あいさつをしそこなってしまうことがあるかもしれませんが、日常のあいさつは、部下や後輩である皆さんからするのが原則です。積極的に明るくあいさつをしましょう。それが、仕事を円滑に進めるための職場での基本マナーです。

▼場面ごとのあいさつ

職場では、時間帯や状況に応じて、あいさつの言葉がほぼ決まっています。できるだけ早く、これらを身につけるようにしましょう。

先程も述べましたが、あいさつは簡単なことのように思えて、実際は普段からしていないと、いざというとき、なかなかできないものです。

また、せっかくあいさつをしたつもりでも声が小さすぎて相手に聞こえなかったら意味がありません。あいさつができないと、相手にも「何となく陰気な感じ」「私のこと好きじゃないのかも」というような思わぬマイナスイメージを与えてしまうことさえあります。

逆に、普段から気持ちのよいあいさつができるだけで「明るい感じの人」「ていねいで好感がもてる」「何となく話しかけやすい」など、その人の印象は良いものになります。

そしてこの「良い印象」が、これからの社会生活で人間関係を築いていくための重要なプラス要素になるのです。

89ページに場面ごとの基本的なあいさつがまとめてあります。表を参考にして、実際の場面でとまどわないように、練習をしてみてください。

基本的なあいさつ

時間帯・状況	あいさつの言葉	ポイント
朝 出社時～ 10：30 ころまで	おはようございます	・通勤途中や会社の玄関では明るく元気よく。 ・皆が仕事をしているところでは静かにあいさつする。
日中 10：30 過ぎ～	こんにちは	・他部門の顔見知りと廊下などで会ったときに言う。 ・同じ職場の人に何度も言う必要はない。
	目礼・会釈	・他部門などの直接知らない人や、来訪者（お客さまなど）に廊下や玄関で会ったときは、黙って軽く会釈する。
外出時	行ってまいります	・上司や周囲の先輩・同僚に言う。
帰社時	ただいま帰りました	・留守中のことづけや、依頼していた仕事を受け取るときなどは「ありがとうございました」と言ってから受ける。
上司・先輩・同僚などの外出時・帰社時	行ってらっしゃい お帰りなさい お疲れさまでした	・同じ職場の人が外出・帰社したときに言う。同僚や先輩が帰社したときには「お疲れさまでした」とも言えるが、上司にはなるべく「お帰りなさい」がよい。 ・「ごくろうさま」は目上の人が目下の人に言う言葉なので注意。
退社時	失礼します	・帰るときの上司・先輩・同僚への一般的なあいさつ。
	お先に失礼します	・残業している人へのあいさつ。
	お疲れさまでした	・先に帰る人へのあいさつ。

02 正しい姿勢と表情

正しい姿勢を身につける

ビジネスマナーの基本は、正しい姿勢です。正しい姿勢を常に心がけることは、周囲に信頼感を与えることはもちろん、自分自身の健康にもつながります。

ここでは、誰からも好感の得られる姿勢、表情を学んでいきましょう。

第一印象を左右する姿勢

人が感じる第一印象は、その人の立ち姿、姿勢に大きく影響されます。

背筋を伸ばしたきりっとした姿勢は、あなたを積極的で、仕事ができそうな人に見せてくれるでしょう。

第一印象で好感をもってもらうことができれば、あなた自身の話も信頼感をもって聞き入れてもらえる可能性が高くなります。

逆に猫背で、うつむきがちな姿勢は、覇気がなく、「この人に仕事を任せて大丈夫かな」という不信感を与えます。せっかくのビジネスチャンスも、姿勢一つで台無しになってしまうことさえあるのです。

▼感じのよい表情や態度

コミュニケーションでは、言葉だけでなく、顔の表情や態度も重要です。

たとえば、言葉で「おつかれさまでした」と言いながら、顔は無表情では、相手をねぎらっているようには感じられません。この場合にふさわしいのは、笑顔や相手への感謝を示した表情です。

人と話をする際に好ましいのは、次のような表情や態度です。

①微笑みをたたえた表情、ゆったりとした表情
↓好感を与える
②リラックスした表情
↓安心感を与える
③自然な表情、節度を保った表情
↓信頼感を与える

これらのことを念頭において、その場に応じた表情や態度を示すようにしましょう。何より大切なことは、感謝の言葉を口にする際、心から相手に感謝の気持ちをもっていることです。形から覚えるマナーも大切ですが、相手への感謝や配慮の気持ちをもつことで、マナーは自然と身についていきます。

03

おじぎは実は奥が深い！

会社には、毎日たくさんのお客さまがいらっしゃいます。新入社員のあなたも、その応対や案内をするように指示されることがあるでしょう。そのときになってあわてないために、応対の基本をマスターしておきましょう。

▼3種類のおじぎ

道で近所の人に会ったときのおじぎとあらたまった席でのおじぎとでは、そのしかたは異なります。会社のなかでのおじぎにも同じことがいえます。

ここでは一般的なおじぎの種類を紹介します。おじぎは相手や状況、場面などによって「会釈」「普通礼」「丁寧礼」の3つの種類に分けられます。

状況をわきまえた美しいおじぎは相手に良い印象を与えます。社会で活躍するビジネスパーソンになるために、簡単なようで難しい、おじぎの基本を覚えておきましょう。

おじぎの形とおじぎの心

実際のおじぎのしかたは練習するしかありません。鏡を使ったり、友人同士でチェックしたりしましょう。

しかし、おじぎでもっとも大切なことは形ではなく心です。

相手への感謝の気持ち、敬う気持ち、お詫びの気持ちなどを素直に表現しましょう。ここで紹介したおじぎの形は、このようにすることが、一般的にその心を伝えやすいということから分類したものなのです。

心が伝わるおじぎの基本

おじぎをしながらあいさつする際は、言葉を述べた後におじぎをします。双方をバランスよく組み合わせることによって、礼儀正しく美しいあいさつの形ができあがります。また、おじぎを伴うことであいさつの言葉が生きてきます。

おじぎは、長々と、あるいは深々と頭を下げていればていねいだというものではなく、相手への敬意を込めて行うことに意味があります。おじぎの基本は、次のとおりです。

1. 立ってきちんと足をそろえ、背筋を伸ばし、あごを引き、視線は相手を見る。この姿勢から、しっかりと上半身を前に傾ける
2. 手は太ももの横につけたままでよいが、女性は体の前で軽く重ねると上品に見える
3. 腰を折っておじぎをしたら、いったん静止する
4. 体はややゆっくりと起こす

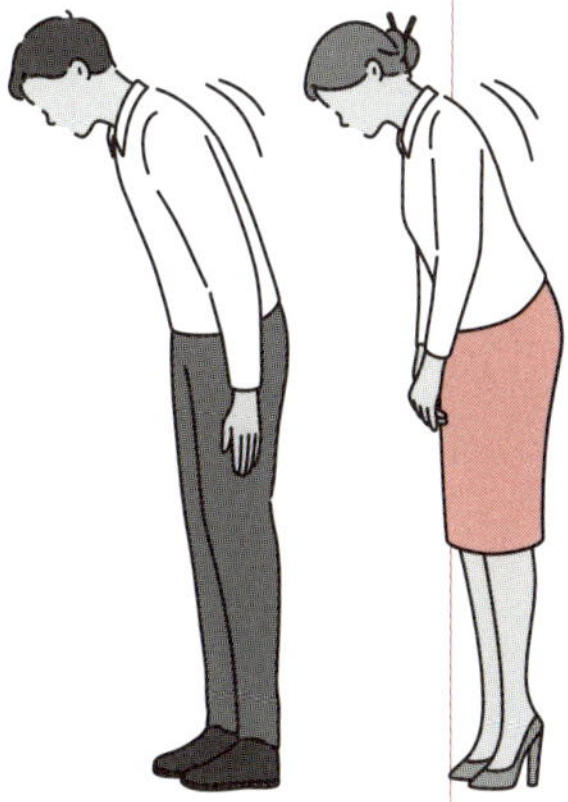

おじぎの際に視線が定まっていなかったり、妙にせかせかした態度をとったりしては美しいおじぎにはなりません。また、頭だけを下げたり、あごを突き出すようなおじぎでは敬意は伝わりません。一つひとつの動作にしっかり区切りをつけて行いましょう。

04

身だしなみは誰のため？

▼社会人の身だしなみ

社会人としてふさわしい服装か否かの基準は、「人に不快感を与えない」ということです。

この基準は、仕事中だけでなく、通勤時にもあてはまります。制服のある職場でも、どんな服装で通勤してもよいというわけではありません。

身だしなみの基本は清潔感と機能性です。どんなに高級なスーツやのりのきいたシャツを着ていても、髪が乱れて肩にふけが落ちていたり、靴がほこりだらけだったりしてはだらしなく見えてしまいます。動きにくい服や靴も仕事に差し支えます。

おしゃれを楽しむのはすてきなことですが、自分の好みではなく、上司や先輩に職場のルールを確認しながら、職場にふさわしい服装かどうかをチェックしてみましょう。

職場でのおしゃれ

ビジネスシーンでの服装の基本はスーツです。色は紺や黒、グレーやベージュなどのベーシックなものがよいでしょう。素材はウールや綿などの上質なものを選び、デニムやジャージ生地などカジュアルなものは避けましょう。

スーツに準じる服装としては、ジャケットにパンツやスカートなどの組み合わせがあります。現在では地球温暖化対策の一環としてノーネクタイを推奨する「クールビズ」を取り入れる職場も増えています。服装についての職場ごとの細かい決まりなどは先輩に確認をとるようにしましょう。

カジュアルな服装が許される職場であっても、スーツ（ジャケット）を1着ロッカーに準備しておくと、突然の来客にも対応できます。

また、制服は同じデザインだからこそ、正しい着こなし方が試されます。こまめに洗濯し、アイロンをかけてしわを取りましょう。制服は会社から支給されているものなので、大切に扱います。

ビジネスシーンでは初対面の人と会う機会が多いものです。「見ためより内面」も、もちろん大切ですが、相手があなたを判断する基準は、まずは「見ため」です。あなたの服装や身だしなみが会社のイメージにつながるという自覚をもち、「見ためも内面も」大切にしましょう。

メイクのマナー

男女問わず、疲れた表情や顔色が悪く不健康に見えると、相手に対して誤解や失礼につながる場合があります。メイクは、肌の調子を整えたり、健康的な血色を演出し、相手に良い印象を与えることができます。

職種によりますが、あまりに派手な色合いや濃いメイクは、職場では避けたほうが良いでしょう。職場の規定に沿ったメイクにすることが大切です。

また、化粧直しを自席で行うのはマナー違反です。電車の中で化粧をするのと同じく周りの人に不快な思いをさせてしまうので注意しましょう。

05 きっちりメリハリ職場生活

快適な職場生活を送るために

1日24時間のうち、勤務時間が約8時間、さらに往復の通勤や残業などの時間を考えると、仕事に関係する時間はかなり長くになります。

会社生活を快適に楽しく、かつ意義あるものにするためには、まず職場生活における基本マナーを身につけ、組織の一員としてふさわしい行動をとることが求められます。

▼公私の別を明確に

職場生活で大切なことは、まず「公私の区別をきちんとつける」ことです。

◆勤務時間中は仕事に専念

学校は授業料を払って勉強するところでしたが、会社は働いて給料をもらうところです。勤務時間中は公の時間であり、あなたの時間にはコストがかかっています。自分一人ぐらいさぼっていても、と思う人ばかりだったら会社は成り立ちません。給料をもらうことへの責任感をもって仕事に取り組みましょう。

◆私用電話は休憩時間に

勤務中の私用電話やメールは原則禁止です。必要な場合は、休憩時間に私物の携帯電話やスマートフォンからかけるようにします。また、私物の携帯電話は、勤務時間中はマナーモードにし、かかってきた電話は留守番電話に転送されるようにしておき、勤務時間外

ビジネスマナー
基本心構え6箇条

ここに書いていることは、どれもとても基本的なことです。
しっかりと心に留めて、常に頭の隅に置いておきましょう。

第1条 会社という組織のルールに従って行動する。

組織にはいろいろなルールがあります。組織の一員として必ず守りましょう。

第2条 周囲の人たちと協力をしながら仕事を進める。

ビジネスは1人では成り立ちません。周囲の協力があってはじめて成り立つものだということを常に忘れないでください。

第3条 相手の立場を考えて行動する。

忙しそうな人にむやみに話しかけない、取引先に連絡するときは終業時間などを考えるなど、ちょっとした心づかいが大切です。

第4条 相手を尊重する気持ちを忘れない。

仕事をしていれば、人との意見の違いや考え方の違いなどは当然出てきます。人の特性や考え方の違いを受け入れ、共存していく気持ちが大切です。

第5条 相手に思いやりの心をもって接する。

「ありがとう」や「お願いします」「お疲れさまでした」「お手伝いすることはありますか？」など相手を思いやる言葉をどんどん使うようにしましょう。

第6条 明るく楽しく仕事ができるように気を配る。

どんな人でも機嫌が悪いときはあるものです。しかし職場では自分の気分のままに振る舞うことは許されません。嫌なことやつらいことがあっても、あからさまに表情に出さない努力が必要です。

に折り返すようにしましょう。携帯でのメールも同様に、勤務時間中は控えてください。

◆外出中も勤務時間

勤務中の外出時間も勤務時間の内です。ついでにちょっと買い物をする、喫茶店に立ち寄るなどの行動は慎みましょう。どうしても必要なことは休憩時間を使ったり、上司や先輩の許可をもらうようにし、独断で行ってはいけません。

◆机の上は整理・整頓

会社の机は公の物です。自分に与えられた机だからといって、引き出しの中を私物でいっぱいにしては、仕事にも影響が出ます。ロッカーや更衣室も同様です。仕事のための物を置く場所であることを忘れないようにしましょう。

私物ではないといっても、机の上が書類の山では仕事の邪魔になります。「あれはどこにあったかな」といって探すのはムダな時間です。進行中の仕事の書類ほど、取り出しやすいところにしまっておきましょう。また、書類を広げたまま離席しないことや、退社時に書類をすべて引き出しにしまうことも大切な職場のルールです。

06 出勤時・退勤時のマナー

多くの人たちとともに働く職場では、自分一人が勝手な行動をとるわけにはいきません。社員一人ひとりには、マナーを守り、周囲の人たちに迷惑のかからないように配慮しながら行動することが求められています。

出勤時のマナー

◆ゆとりをもって出社を

規則正しい勤務習慣を身につけることは、会社生活を快適に、仕事をスムーズに進めることにつながります。**そのための第一歩として、朝、時間にゆとりをもって出社することが挙げられます。**

1 心構え
2 仕事の基本
3 社会生活の基本

始業時刻を9時とした場合、出社は何時までにすればよいでしょう？　始業時刻とは「仕事を始める時間」であり、「会社に到着する時間」ではありません。始業時刻に文字どおり仕事を始められるよう、遅くともその10分前の到着を心がけましょう。

始業時刻までに、その日の仕事のスケジュールや段取りを確認し、机の上や周囲を、仕事が始められる状態に整理・整頓します。着替えが必要な職場では、始業時刻までに着替えと仕事の準備を終え、着席します。

このように、あらかじめすべての準備を終え、始業時刻にはすぐに仕事を始められるようにしておきます。

毎日ぎりぎりの時間に家を出て、時間を気にしながら通勤するよりも、時間に余裕を持って出勤したほうが、一日の仕事を気持ちよくスタートできます。早めに起床、準備し、ゆとりを持って出社することを心がけましょう。

◆遅刻しそうなときは

万が一、始業時間に遅れそうになったときは、始業時刻前に必ず会社に連絡を入れ、その理由を説明します。連絡なしに遅刻してしまうと、仕事の進行に影響するのはもちろんのこと、上司や先輩に心配をかけ、あなた自身の信頼を失うことになります。

退勤時のマナー

◆机上を整理する

始業時刻と同じように、終業時刻も「仕事を終える時刻」です。時間きっかりに退社するのではなく、区切りがつくまで従事します。

退勤の際は、机の上の書類を片づけます。これは、明日、すぐにスムーズに仕事に取りかかるためでもあります。

◆退勤前に、上司に確認

終業時刻が過ぎ、自分の仕事の区切りがよくなっても、退勤の準備を始める前に、上司や先輩に、今日の業務の進行状況を報告し、その他に、自分が手伝えることはないか確認します。

逆に、終業時刻を過ぎても予定の業務が終わらなかった場合には、上司に確認し、指示がある場合には残業します。

◆退勤時は周囲にあいさつを

上司から特に指示がなければ、「お先に失礼します」と周囲にあいさつして退勤します。

07

外出時・離席時のマナー

会社生活は、共通の目標のもと、職場の一人ひとりがさまざまな活動をしながら進んでいます。

外出する際には、職場の人たちに心配や迷惑をかけないよう配慮する必要があります。具体的には、次の点に留意します。

▼行き先・用件・戻り時刻を知らせる

上司や先輩に、必ず行き先と用件、戻り予定時刻を知らせます。職場にスケジュールボードがある場合は、必ず記入しておきます。

少し席を外すときでも「経理部に精算に行ってきますが、すぐ戻ります」など、周囲に心配をかけないよう、具体的な用件とおおまかな戻り時刻を伝えておきましょう。

▼想定される事柄を伝えておく

席を外すとき、また、外出する際に起こりうる事柄がある場合は、周囲にことづけてから出かけます。

例①「留守中、○○社さんから納品があるかもしれません。受け取って、私の机の上に置いておいてください」

例②「総務部の△△さんが書類を取りに来るかもしれません。そのときはこのファイルを渡してください。何かあれば、3時には戻るので連絡しますと伝えてください」

また、少なくても30分以上離席する際には、必ず机上をきれいに整理し、パソコンの画面もロックしておきます。他の人に、不用意に大切な情報が見られないよう、細心の注意を払います。

用事がすんだら会社に報告する

用事がすんだら上司か先輩に連絡を入れ、用件が終わったことと、戻り予定時刻、また、自分の留守中に何か問題がなかったかを尋ねます。

戻り予定時刻を想定していても、実際には打ち合わせが長引き、遅くなることがあります。長引きそうだとわかった時点で会社に連絡を入れ、上司に状況を説明します。

戻りが遅れることで次の予定に影響が出そうなときは相手への連絡も必ずしておきましょう。

外出先から直接帰宅するときは

外出先の予定が終業時刻近くになってしまった場合、自分で勝手に帰宅の可否の判断をせず、会社に連絡を入れ、帰宅してよいかどうか、上司に確認します。

今日中に行うべきことの指示があれば社に戻り、特に問題がなければ、そのまま帰宅します。

外出先で仕事をするときは

外出先で、次の約束との間に時間が空いたときに、資料を読んだり、パソコンで資料を作成するなど仕事をすることがあるかもしれません。その際は、機密情報や個人情報の扱いに十分に留意しましょう。

パソコンや情報の持ち出しについては、会社ごとのルールがあります。ルールに沿い、組織人としての自覚をもって情報を取り扱いましょう。

08 あなた自身が会社の顔

▼あなたの応対が会社の印象を決める

いろいろな会社を訪れることの多い営業職の人が、「あの会社には行きたくないね」などと話しているのを聞くと、その理由の多くはそこの社員の応対のしかたに原因があるようです。

会社の印象は、直接の担当者の応対だけでなく、受付や廊下で出会う社員、案内してくれたり、お茶を出してくれる社員の態度で決まることも多いのです。

あなたの応対が会社の印象を決めるという意識をもち、応対の基本を身につけておくことが大切です。

お客さまに対する態度

会社に来るお客さまの多くは取引先の会社の方々です。取引先には、自社の製品を買ってくれている会社・仕事を発注してくれる会社（お得意さま）、仕事を依頼している会社（協力会社）などがあります。

新入社員が特に気をつけたいのは、協力会社の人への態度です。

誰でもお得意さまに対しては、ていねいな態度をとりますが、協力会社の人には、横柄な態度をとる人がいます。

しかし、お得意さまでも協力会社でも、その会社がなければ自社の仕事は成り立ちません。立場の違いで態度を変えるのは社会人として恥ずかしいことです。どのお客さまに対しても感謝の気持ちを込めて、ていねいな応対を心がけましょう。

09

名刺はあなたの証明書

名刺の意味を考えよう

社会人になって、はじめて自分の会社の名刺を持ったときはうれしいものです。やっと一人前の社会人になったという実感がわくことでしょう。

実際に、会社の名刺は一種の身分証明書ともいえるもので、仕事で大きな力を発揮します。

名刺には会社によってさまざまな個性があります。たとえば、写真やイラスト入り、企業コンセプトのキャッチコピー入り、携帯からホームページアドレスを読み取れる二次元バーコード入り名刺、点字入りなど、名刺には会社の個性が表れているのです。

名刺を渡した方に「なぜこのようなデザインなのですか？」と尋ねられたら、すぐに答えられるようにしておきましょう。

▼名刺の渡し方

①お客さまとの名刺交換は、まず、上司から行い、部下である新入社員は上司の紹介を受けてから行います。名刺はお客さまよりも先に渡すようにしましょう。

②名刺は相手から正しく読める向きに持ち、名前、社名、ロゴマークの部分を隠さないように手前の両端を持ちます。

③渡すときは、「私はこのほど○○部に配属されました××と申します」などと名乗り、名乗り終わったら、会釈をしながら、両手で相手に渡します。名刺交換の際は、テーブル越しに渡してはいけません。また、名刺交換の際は、必ず立ち上がるようにしましょう。

名刺の受け取り方

①立ち上がって「頂戴いたします」「よろしくお願いいたします」などと言いながら、両手で受け取ります。
②受け取ったら、相手の氏名、所属、肩書きを見ます。相手の名前が読めない場合は、受け取ったときにすぐに確認しましょう。
③名刺を交換したら一歩下がって、よろしくお願いしますという気持ちを込めて、もう一度ていねいにおじぎをします。このとき、いただいた名刺は腰より下に下げてはいけません。
④自分の名刺は名刺入れの上のほうに用意し、受け取った名刺は下のほうに入れるなど、名刺入れの中で区別します。
⑤肩書きと名前を覚えたら名刺入れの上にのせテーブルに置くか名刺入れにしまいます。複数枚を受け取り、覚えられなければ、商談中テーブルの自分の前に並べて置いても構いません。並べる順番は向かい側に相手が並んでいる順番にします。

同時に行う名刺交換

名刺交換は基本的に両手で渡して両手で受け取るものですが、大勢の人と一度に交換する場合など、名刺を片手で持って同時に交換する場合があります。同時に受け渡しをする場合でも、はじめに左手で受け取り、改めて両手で持ちます。

複数での名刺交換

相手もこちらも複数であった場合、まず目上の人同士が名刺交換を行い、次に目上の人と目下の人とが（双方同時に）行い、最後に目下の人同士が行うという手順で進めます。

名刺保管・管理マナー

いただいた名刺は社会人の財産です。その日のうちに整理し、五十音順や、分野別など、後の活用を考えて保管をします。

自分の名刺は、名刺入れに入れて、取り出しやすいように用意しておきます。折れ曲がったり、汚れた名刺を渡すのは相手に失礼になります。

自分の名刺は、常に10枚程度用意しておき、切らさないように補充します。

10 お客さまをご案内する

▼堂々とお客さまをお迎えしよう

会社によって、来訪されたお客さまをどのように出迎えるかは異なります。まだお会いしたことのないお客さまを受付に出迎える場合や、各部門に直接来ていただく場合、お客さまの顔がわからなくて困ることがあります。

そのようなときには遠慮せずに、少し離れたところから「○○会社の△△様」と呼んでみましょう。顔がわからないからといって、もじもじしたり、うろうろしたりするほうが、よほどお客さまには不快な印象を与えます。

▼お迎えとお見送り

お客さまの出迎えや見送りをするように指示されたときは、身だしなみにも気を配り、機敏に対応するよう心がけます。

どのようにご案内したらよいのか、基本的なことは頭で覚えていても、実際にはなかなかそのとおりにはできないことが多いものです。しかし、温かく応対する心があれば、お客さまには通じるものです。小さなミスを恐れず、あまり緊張しないで接しましょう。

玄関でお客さまを出迎える際には、まず、荷物やコートなど「よろしければお持ちいたしましょうか」と声をかけましょう。そして、お客さまを社内に案内するときは、お客さまを中央に、自分はお客さまの2～3歩前を歩きます。時折後ろを振り返りながら、お客さまの歩調に合わせて歩くようにしましょう。

玄関でお見送りをするときには、玄関の外まで出て見送るようにしましょう。その際、応接室などで、あいさつが一度すんでいるときでも、玄関で「ありがとうございました」とあいさつします。

「お気をつけてお帰りください」「今後ともよろしくお願いいたします」などの言葉を添えるとよいでしょう。そして、お客さまが立ち去るまで見送ります。最後まで気を抜かずしっかり応対するようにしましょう。

▼廊下・応接室での対応

廊下でお客さまとすれちがったら、廊下の端に寄って道を空け、軽く会釈をして通ります。中央はお客さまや上司が歩きやすいように、日ごろから空けて歩く習慣をつけるようにします。

お客さまが前を歩いているときは、後ろから静かに歩きます。追い越すときは、会釈をするか、または「失礼いたします」と声をかけて通り過ぎます。

応接室では基本的に入り口から一番遠いところが上座となります。お客さまには「どうぞこちらにおかけくださいませ」と伝え、肩書きが上の方から上座にご案内します。

ご着席いただいたら「○○は間もなくまいりますので少々お待ちくださいませ」など一言添え「失礼します」と言って応接室を出ます。

受付での応対

通常、お客さまは訪問の約束（アポイントメント）をとってお見えになります。受付に来客があった場合は、次のように応対します。

お客さま

「おはようございます」または、
「失礼いたします」
「お世話になっております」

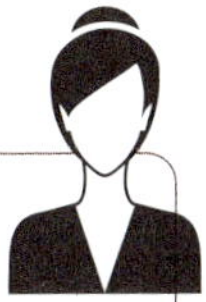

応対する社員

「おはようございます」または、
「いらっしゃいませ」
「お世話になっております」

＊立ってさわやかな声と態度で応対する

お客さま

「○○の××と申します。
△△様と□時にお約束をいただいております」
（名刺を出す）

＊会社には、お客さまの他に、飛び込みの営業担当者なども来訪します。どのような相手に対しても、会社の一員としてていねいに気持ちよく応対することを心がけましょう。

応対する社員

「お預かりします」（名刺を受け取る）「○○の××様でいらっしゃいますね。お待ちしておりました」「ただいま△△を呼んでまいりますので、少しお待ちくださいませ」（あるいは「ご案内いたします。こちらへどうぞ」）

＊名刺は両手でいただくのが基本
＊お名前を伺ったら復唱する

11

知っておきたい席次のルール

普段あまり意識することはないかもしれませんが、応接室や食事の席、電車や車などの席には、上座、下座の決まりごとがあります。お客さまは必ず上座へご案内できるよう基本的な知識を身につけておきましょう。

▼応接室のルール

・基本的には、ドアや通路から遠いほうが上座
・ソファと肘掛け椅子があった場合、ソファが上座
・窓のある部屋だった場合、眺めの良い席が上座
・個室でない場合、事務机から遠い席が上座

電車・自動車のルール

◆タクシーの場合

お客さまに座っていただくのは、交通上安全とされる後部座席になります。ただし後部座席のなかでも、もっとも安全な運転席の真後ろが、第一の上座となり、座りにくい後部座席の中央は下座となります。

他の人たちと離れる助手席は、道案内の必要もあり、車両全体の中でもっとも下座です。

◆自動車の場合

タクシーとは少し状況が異なります。お客さまご自身が運転してくださる場合は、その隣が上座となります。運転してくださる方を一人にしないよう、隣にもう一人のお客さまがいらっしゃればその方か、あなたの上司が座るのが望ましいでしょう。この場合も、後部座席のうち、座りにくい中央は下座となります。

自分が運転する場合の席次は、タクシーに準じます。

◆電車・新幹線の場合

景色が見やすい窓側の席が上座です。３人席の場合、通路側の席がその次の上座となり、中央の席は下座です。さらに、進行方向を向いた席のほうが乗り心地がよいため、上座となります。

▼エレベーターのルール

エレベーターに乗る際は、お客さまより先に乗り、降りる際は、お客さまに先に降りていただきます。ご案内の基本は、エレベーターのなかにお客さまを残さないということです。

乗っている間は、開閉の操作やご案内の必要がある操作盤の前が下座となります。

エレベーター内にはいろいろな方々が乗り込みます。会話は慎みましょう。

また、お客さまがお帰りの際、お客さまのみをエレベーターにお乗せする場合は、扉が閉まるまで「失礼いたします」と頭を下げてお見送りします。

席次のルール

コの字型の会議室

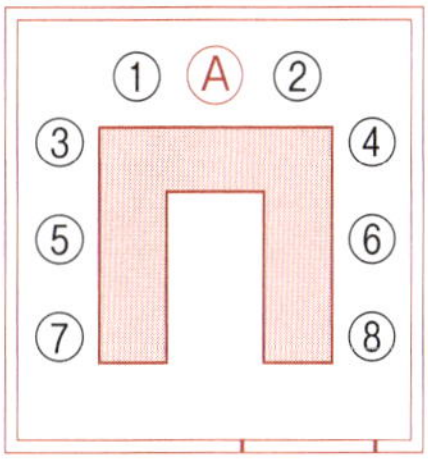

円卓型会議室

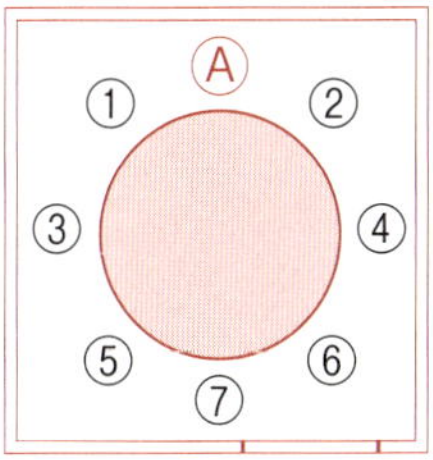

対面型会議室

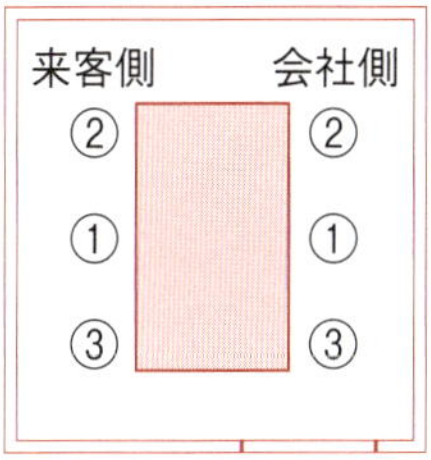

Ⓐは議長席をあらわす。

和室でお食事をいただくときは

和室にお客さまをご案内するときは、基本的には次のいずれかが上座です。

床の間に近い席が上座

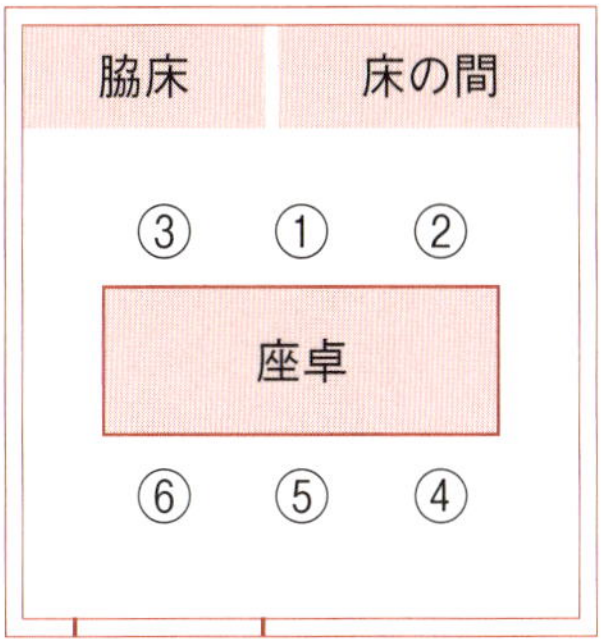

景色が見やすい席が上座

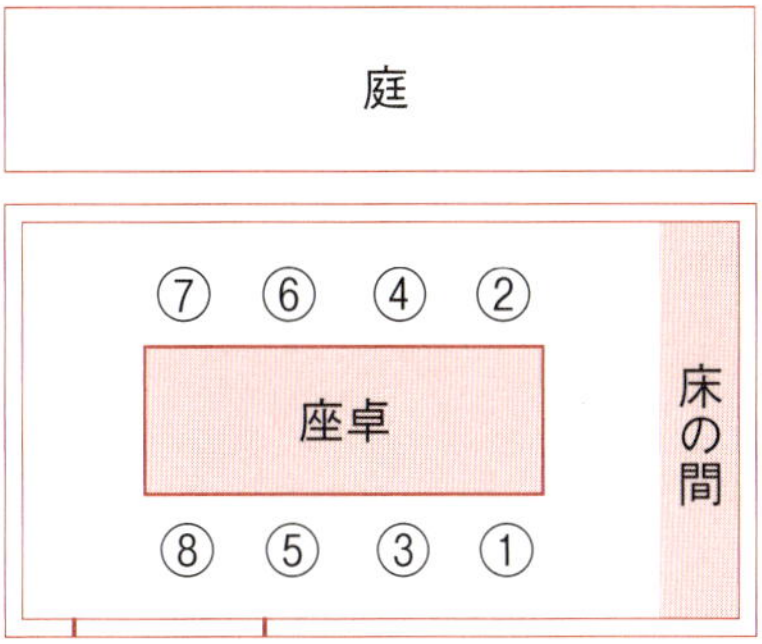

お客さまによっては、まぶしいので日陰になる席がいい、足腰がつらいのでドアに近い席のほうが座りやすい、などといった場合もあり、必ずしも上座をご案内するほうがよいとは限りません。そのようなときは原則に忠実に従うのではなく、お客さまのご要望に沿って臨機応変に対応しましょう。

12

他社を訪問する

仕事を通じて、お客さまの会社へ訪問する機会が多くあると思います。その際は会社を代表している自覚をもち、節度ある態度で臨むことが必要です。

訪問先が協力会社であっても、態度を変えることなく、ていねいに、相手のことを考えて行動しましょう。

▼アポイントをとる

訪問する際は、事前にアポイント（面会日時の約束）をとります。

①用件を伝え、お目にかかりたいこと、日時は相手の都合に合わせることを伝える

②こちらの希望日時と面会の希望所要時間、同行者などを伝える

▼訪問前日の準備

大切な訪問の機会が有意義なものとなるよう、事前に次のような準備をします。

①必要な資料を、出席者全員分プラス予備分、用意し、説明内容の組み立てをしておく
②訪問先の場所までの経路、所要時間を調べる
③訪問先の会社概要、経営方針、ご担当者の情報を確認する
④資料以外の持参するものを準備する（自分の名刺10枚程度、相手の所属部署、住所、連絡先の記載されたメモ）

また、アポイントのお願いをしてから日にちが経っている場合には、前日に電話かメールで確認を入れます。

▼訪問当日

外出の際、上司や職場の人に訪問先・用件・帰社予定時刻を伝えておきます。職場にスケジュールボードがあれば、記入します。

▼訪問先に着いたら

コートやマフラーは、受付に入る前に脱いで、手にかけておきましょう。訪問先の受付に、約束の時間の5分前には到着しているようにします。

会社によっては入館の手続きが必要であったり、また、多くの来訪者が受付に並んでいたりすることもあるので、早めの到着を心がけます。取り次いでくださった方に、自分の社名と氏名、訪問先の相手の名前を伝えます。

応接室では

応接室では次のことに注意します。

①案内されたら、先方から「お座りください」と言われるまで、入り口近くで座らずに待つ。「お座りください」と言われたら基本的に下座に座るが、上座を勧められたら、上座に座る
②バッグやコートなどはテーブルの上に置かない。バッグは空いている椅子か、床に置く。コート類は椅子の背もたれなどにかけ、勧められたらコート掛けにかける
③お客様が入室したら、立ってあいさつする
④初対面の場合には、名刺交換をする
⑤「どうぞお座りください」と言われたら座る
⑥足を組んだり、たばこを吸ったりすることは厳禁

お茶を出されたら

訪問相手を待っているときにお茶が運ばれてきたら「どうぞお召し上がりください」と言われてからいただきます。

また、訪問相手と話しているときにお茶が運ばれてきたら、小さな声でお礼を述べる。相手が「どうぞ」と言ってから飲むか、相手が先にお茶に口をつけたら飲みましょう。

訪問の最後は

用件が終わったら、「本日はご多用のなか、お時間をいただき、ありがとうございました」とお礼を述べ、コート、マフラーは玄関を出てから着ます。「コートをどうぞ」と勧められたら、お礼を述べて、その場で着るようにします。

部屋を出るときは、ドアを開ける前に訪問相手に向かって一礼し、開けてからも、室外に出てからもう一度振り返り、会釈をしながらドアを閉め、退室します。

エレベーターや玄関まで送っていただいたら、そこで再度、お礼を述べて退出します。

▼帰社したら

帰社したら、訪問した内容や、話し合いの結果を、上司に報告します。

また、訪問相手にメールや電話でお礼を伝えます。訪問の際に聞き忘れたことなどがあれば、このときに併せて聞いておきます。相手によっては、ていねいに書面でお礼を伝えるのもよいでしょう。訪問した際に検討を依頼されたこと、聞かれたことなどがあれば、できるだけ早く回答します。

13

敬語を使いこなそう！

お客さまの応対や電話での受け答えは、新入社員にとって緊張する仕事です。その理由の1つに、慣れない敬語を使わなければならないという不安があります。学生時代に使う機会が少なかったのであれば、当然のことでしょう。

しかし、日常的に使う敬語は、そうたくさんあるわけではありません。まずは基本的な敬語を覚えましょう。

▼敬語の基本

敬語には、尊敬語・謙譲語・ていねい語の3種類があります（5種類に分ける場合は丁重語、美化語が加わります）。

尊敬語と謙譲語の使い分け

尊敬語の基本	謙譲語の基本
・「お」「ご」＋ ～になる／～くださる ・動詞 ＋ れる、られる、される 【例】 ご連絡くださってうれしく… お読みになった文章は… …出席される	・「お」「ご」＋ ～いたします 【例】 お手紙をお出しいたします 2時にお待ちいたしております その件はお伝えいたしました

他の言葉に言い換える場合

動詞	尊敬語	謙譲語
行く・来る	いらっしゃる おいでになる	伺う・参る
いる	いらっしゃる おいでになる	おる
見る	ご覧になる	拝見する
する	なさる	いたす
言う	おっしゃる	申す・申し上げる
知っている	ご存じである	存じている・存じ上げる
食べる	召し上がる	いただく
名詞	**尊敬語**	**謙譲語**
会社	貴社・御社	わたくしども・小社・弊社
役職（例：課長）	○○課長・課長の○○様	課長の○○
親族	お父（母）上 お父（母）様	父・母
	伯父（母）様 叔父（母）様	伯父・伯母・叔父・叔母

尊敬語は目上の人や社外の人に使うもので、相手の動作や状態を敬う言葉です。

謙譲語は自分がへりくだることによって相手を高め敬意を表する言葉です。

ていねい語は相手に敬意を表して、よりていねいに言う言葉です。

敬語は知っていても使い慣れていないと、実際にはなかなかスムーズに出てきません。上司や先輩の、お客さまとの会話などを参考にして、少しずつ慣れていくのが上達の早道です。

尊敬語は動詞の語幹に「〜れる、〜られる」をつけて表すことが多く（話す→話される）、謙譲語は「お〜する」という形で表す（会う→お会いする）ことが多いです。

または、133ページの表にあるように、他の動詞に言い換えて（言う→おっしゃる［尊敬語］、会う→お目にかかる［謙譲語］）表現する場合もあります。

ていねい語は、文末を「〜します」とていねいにしたり、語頭に「お」を付ける（外出している→外出しています、忙しい→お忙しい）などのように使うことが多いようです。

133ページにその使い分け方を一覧にしましたので、参考にしてください。

14

電話マスターになろう！

電話応対はどんな人でも、慣れるまで緊張しますし、焦ってしまうと何を話しているのかわからなくなってしまうものです。しかし、しっかりとルールを押さえて応対すれば何もこわいことはありません。

電話はビジネスの重要な窓口であり、仕事の第一線です。実際に業務が始まる前に、基本的なことはしっかりと覚えておきましょう。

▼電話応対は言葉だけの世界

学生時代、何らかの用事で会社に電話したことがある方もいるでしょう。そのとき、気持ちよく応対されたかどうかで、その会社の印象が決まったことはないでしょうか。

電話応対は、直接応対するときと同様に、会社の印象を決める重要な役割を果たしています。お客さまからの商品の注文・要望・クレーム（苦情）、取り引きの打診をはじめ、日常業務の進行に関わるさまざまな連絡など、電話は社外とのコミュニケーションの接点であるだけに、その応対には十分な注意が必要です。

入社して間もないうちは電話応対が難しいと感じるかもしれません。それは相手の顔や態度が見えないからです。

もし、相手の顔や態度が見えれば、少々言葉が足りなくても「ああ、この人は誠実だけれど無口なのだな」とか、「言葉では言いにくいことがあるのだな」といった判断ができます。

しかし、電話というのは言葉だけの世界です。視覚的要素がなく、言葉のみを通して自分の態度が相手に伝わっているのです。声だけだからわからないだろうと適当な応対をすると、思っていた以上にその態度は伝わっているものなのです。

電話応対のマナーを確実に身につけ、相手に良い印象を与えられるようにしましょう。

電話を受けたらあなたは会社の代表

入社早々、新入社員が外部に電話をかけるということはあまりないかもしれません。最初は、電話を受けることが多いでしょう。

自分のそばの電話が鳴ったら、積極的に受話器を取るようにしましょう。そうした積極性があなたの電話応対を上達させることになります。

もちろん、電話をかけてくる相手は、あなたが新入社員かどうかわかりません。電話を取った瞬間に、相手にとってあなたは会社の代表になるのです。

必ずメモをとる

基本的な電話の受け方の流れを、139ページに示しました。会社によっては独自のマニュアルを作成しているところもあります。テキストで学んだ基本に加えて、会社独自のルールを折り込んだ自分だけのマニュアルを作成するとたいへん便利です。

また、電話を受ける際に大切なことは、メモを手元に置いておくことです。

電話応対は会社の代表としてするのですから、応答には責任をもたなくてはなりません。責任をもつということは、わからないことをわかったように応答することではありません。わからないことはその旨を告げ、先輩に代わってもらう、伝言の場合は自分の名前を名乗り、復唱して確認するなど、責任の所在を明確にすることが大切です。

電話の受け方の流れを知っておこう

Step 1 電話が鳴ったらすぐに出る

メモと筆記用具を準備して、3コール以内に出るようにしましょう。

ポイント

いつ電話を取っても大丈夫なように、小さなメモ帳などを常に机の上に置いておくようにしよう。

Step 2 社名または部課名を名乗る

「はい、〇〇〇〇（会社名）でございます」
「はい、〇〇〇〇（会社名）、△△△部でございます」

ポイント

・相手が聞き取りやすいように、社名や部課名はゆっくり・はっきり・さわやかに
・「もしもし」とは言いません。
・朝10時半くらいまでは「おはようございます」と一言添えます。
・4回以上呼出音がなっている場合は「お待たせいたしました」と一言添えます。

Step 3 相手を確認する

▶ 相手が名乗ったときは
「〇〇様でいらっしゃいますね」

▶ 相手の名前や会社名がよく聞き取れなかったときは
「申し訳ございませんが、もう一度おっしゃっていただけますでしょうか」

▶ 相手の声が小さいときは
「申し訳ございません。電話が少々遠いようです」

▶ 相手が名乗らないときはていねいな口調で尋ねる
「失礼ですが、お名前をお伺いしてもよろしいでしょうか」
「失礼ですが、どちら様でいらっしゃいますか」

ポイント

知らない会社名などは聞き取りづらいので、主な取引先などはあらかじめ名前を把握しておくと安心！

Step 4　あいさつをする

「いつもお世話になっております」

▶ 最近会った相手などのときは

「先日はありがとうございました」

ポイント

声に感情を込めて、温かみのある話し方をしよう。言葉が棒読みやぶっきらぼうな話し方では、相手に不快感を与えてしまいかねません。

Step 5　用件を聞く①　電話を取り次ぐ

▶ 特定の相手に取り次いでほしいと言われたとき

「○○（取り次ぐ人の名前）ですね、少々お待ちください」

※取り次ぐ人にはどこの誰からの電話かをはっきりと伝える。

▶ 取り次ぐ相手が外出中だったとき

「申し訳ございません。○○はただいま外出しております」

▶ 取り次ぐ相手が席を外していたり、会議中のとき

「申し訳ございません。○○はただいま席を外しております（ただいま会議に入っております）」

＊取り次ぐべき相手が外出中や会議中の場合、帰ってくる時間がわかるのであれば、その時間を伝える。

▶ 取り次ぐ相手が電話中のとき

「○○はただいま他の電話に出ておりますので、少々お待ちいただけますでしょうか」

＊長い間待たせてしまうときはその旨を伝える、もしくはこちらからかけ直す。

▶ わからないとき

「私ではわかりかねますので、調べて後ほどご連絡申し上げます」

「担当の者に代わりますので、しばらくお待ちください」

ポイント　**担当者が不在のときの応対のしかたは４種類**

1. こちらから折り返し電話する

「戻りしだいこちらからご連絡いたします」

2. 再度かけてもらう

「恐れ入りますが、○時ごろもう一度おかけ直しいただけますでしょうか」

※こちらから連絡が取れる場合や、お客さまや目上の人には使いません。

3. 代わって伝言を受ける

「もしよろしければ代わってご伝言を承りますが」

4. 他の人でもわかることかどうか確認する

「他の者でもよろしければご用件をお伺いいたしますが」

Step 6　用件を聞く②　伝言を受ける

▶用件をメモにまとめる

5W2Hにのっとって、必要事項をもれなくメモします。

▶用件を復唱する

「復唱いたします」

▶早く確実に、本人に報告する

受けた伝言は、担当者に確実に伝えなければなりません。用件をまとめたメモを机の上に置いておくときは、必ず本人が帰ってきたときにメモを置いた旨を報告しましょう。相手が急いで連絡をほしいと言っていたときなどは担当者の携帯に電話をするなどして連絡を取ります。留守番電話でもあわてずに、用件を正確に素早く言えるよう、あらかじめ伝えるべき内容を整理してからかけるようにしましょう。

ポイント　5W2Hとは？

When	いつ（時間）
Where	どこで（場所）
Who	誰が（人物）
What	何を（物事・対象）
Why	なぜ（理由・目的）
How	どのように（方法・手段）
How much	どのくらい（金額）
How many	どのくらい（数量）

5W2Hの要素を押さえることで、さまざまな連絡・伝達事項の内容をもれなく把握することができます。電話以外の多くのビジネスの現場において活用できる、汎用性の高い考え方ですのでぜひ覚えておいてください。

※whom（誰に）を加えて、6W2Hとする場合もあります。

Step 7　用件を聞く③　質問を受けたとき

▶会社の業務について聞かれたとき

会社案内に載っているような基本的な業務内容の場合は、事実に基づき答えましょう。専門的なことや自分では判断できない内容の質問には、慎重に対処する必要があります。まだ公になっていない情報や企業機密にふれる可能性もありますので、上司の指示を仰ぎましょう。電話を代わる場合は、「私ではわかりかねますので、上司に代わります」「担当のものに代わりますので、少々お待ちください」など一言断ってから代わります。

▶社員個人について聞かれたとき

質問の内容によりますが、住所や私生活のことなどは個人情報になりますので、慎重に扱う必要があります。基本的には本人に断りなく答えてはいけません。当人がいる場合はただちに代わります。不在の場合は質問の理由・目的を相手に確認しておき、当人に伝言し、直接対応してもらうのがよいでしょう。

ポイント

・入社間もないころは、会社の業務や、上司や先輩の担当業務などをすべて把握するのは難しいことです。自分ではわからない内容の質問などがあったときは遠慮なく上司や先輩に代わってもらいましょう。あいまいな状態で安易に答えてしまうのはトラブルのもとですので、してはいけません。

・取引先などから担当者の携帯電話の番号を聞かれたときは、基本的には担当者本人から折り返しかけてもらうようにしましょう。社用の携帯があるときは、あらかじめ取り扱いについて上司に確認しておきましょう。

Step 8　電話を切る

用件を復唱する

伝言を受けたときは、担当者に伝えるべきことをメモを読んで復唱しましょう。特に、日時・場所・人名・品名・数量などは間違えないように注意が必要です。担当者から折り返しかけ直す用件のときは、相手先の電話番号を確認するのも忘れずに。

終わりのあいさつをする

「ありがとうございました」「承知いたしました」「かしこまりました」「今後ともよろしくお願いいたします」「お電話ありがとうございました」「失礼いたします」　など

電話を切る

相手が電話を切ったのを確認してから静かに切ります。

プラスα　社員の身内からの電話は

尊敬語を使って応対しよう

社内の人について、社外の人に話すときは、基本的には尊敬語は使いません。しかし、社員の両親や配偶者など、身内からの電話に対しては尊敬語を使って応対しましょう。

例：「いつもお世話になっております。
　　あいにく○○さん（○○部長）は
　　ただいま外出されています」など

15 電話は準備万端整えて

電話をかける前に

つぎの3つは、電話のすぐ近くに常備しておきます。

・メモ用紙
・筆記用具
・よくかける相手の電話番号

仕事の電話は業務時間内にかけるのが原則です。最近では働く側が一定の枠内で勤務時間を設定できるフレックスタイム制が導入されるなど、業務時間は企業によって若干の違いがあります。一般的な業務時間の9時から5時にかけるか、相手先の業務時間を把握している場合にはその時間内にかけるようにしましょう。ただし始業直後はミーティングやメールチェックなどで忙しい場合がありますし、昼休みの時間帯は食事中です。急ぎの連絡や特別な場合以外では、なるべく避けるのがマナーです。

要領よく簡潔に

会社での電話は「要領よく、簡潔に」が基本です。そのためには、かける前の準備が重要です。「話す用件・話す順序」をあらかじめメモするなど、相手に伝えるべき内容を整理したうえでかけましょう。伝え忘れなどにより何度も電話をかけるようなことは避けたいものです。電話をかけるときは、相手に時間を割いていただいているという気持ちを常にもつようにしましょう。そうすることで、簡潔にわかりやすく話す力が身につきます。

相手の都合を聞いてから話す

電話は相手の顔が見えないだけでなく、相手の都合もわかりません。

通話が長くなりそうな場合は、相手の都合を聞いた上で話を続けましょう。特に携帯電話にかける場合は、「今お時間はよろしいでしょうか」などと、必ず相手の都合を確認しましょう。

また、上司の代理で目上の人にかける場合は、用件を話す前に相手に代理であることを断ってから話すようにします。相手が多忙で不在がちな場合は、先方の電話に出た人に用件を伝え、相手の予定を確認してからかけ直したほうがよいでしょう。

▼留守番電話のときは

携帯電話にかけたとき、電波が入らなかったり電源が切られていると、自動的に留守番電話に転送されることがあります。その場合は焦らずに用件を留守番電話に残しましょう。時間制限がある場合もありますので、会社名と名前を名のり「○○の件でお電話差し上げました。後ほどあらためてお電話いたします」など、簡潔に終えるようにしましょう。社外秘の内容や商談などで、機密にふれるような用件は留守番電話に残してはいけません。

電話をかけるときの流れを知っておこう

Step 1

電話をかける準備をする

▶ 電話番号を確かめる

間違い電話をかけてしまったり、違う取引先にかけてしまわないためにも事前に電話番号等を確認してからかけましょう。

▶ 相手の所属・氏名を確かめる

所属や氏名を間違えてしまうと悪い印象をもたれてしまいます。

▶ 話す用件・順序を整理する

簡潔に要領よく話すためにも、言い忘れや言い間違いを防ぐためにも、必ず事前にメモ書きするなどして用件を整理しておきましょう。

Step 2

電話をかける

▶ 自分の会社名と名前を名乗る

「○○（会社名）の××と申します。いつもお世話になっております」

▶ はじめてかける会社などには

「はじめてお電話差し上げます。私○○（会社名）の××と申します」

ポイント

・「お世話になっております」はさまざまなビジネスシーンで使える便利な慣用句です。

・電話は、一般的な業務時間内の9時から5時にかけます。また、始業時間直後や昼食時間を避けるなど相手の都合に配慮してかけるようにしましょう。

・業務時間外や相手が忙しいときに、どうしてもかけなければならない場合は、「お忙しい時間に失礼いたします」などと一言添えましょう。

Step 3 取り次ぎをお願いする

「恐れ入りますが、○○（部署名）の△△様をお願いいたします」

相手が不在のとき

「何時ごろお戻りでしょうか」

「○○時ですね。それではそのころにあらためてお電話いたします」

「たいへん恐縮ですが、△△様がお戻りになりましたら××までお電話をくださるよう、お伝えください」

※お客さまや目上の人にかけているときは、基本的に折り返しの連絡は頼まないのがルール。

「たいへん恐縮ですが、伝言をお願いしてもよろしいでしょうか」

ポイント

- 折り返し電話をいただくときは、こちらの電話番号を伝えておきましょう。
- 伝言を残すのはメールやFAX、郵便等の送付物を確認してほしいときや、打ち合わせの時間変更など、用件が簡潔なときのみにしましょう。伝言を受けてくれた人の名前を聞くことも忘れずに。

Step 4 相手が出たら用件を伝える

「○○（会社名）の××です。いつもお世話になっております。今お時間はよろしいでしょうか」

相手の了解を得たら用件を伝えます。事前に準備した内容を簡潔にもれなく伝えましょう。

電話を切る

「ありがとうございました」

「よろしくお願いいたします」

「失礼いたします」

など、お礼のあいさつをして受話器を静かに置きます。

16 苦情電話をチャンスに！

苦情電話への意識を変える

突然の苦情電話……どのように対応したらいいのかわからず頭が真っ白になってしまったり、落ち込んでしまうことがあるかもしれません。

けれど、的確に対応する方法を普段から意識してイメージトレーニングしておけば、ピンチをチャンスに変えることもできるのです。

「すごく腹が立ってクレームの電話をしたのに、応対がとても親切だった。怒りがおさまったし、あの会社が好きになって、またお付き合いしたいと思った」そんなふうに思われたら大成功です。

クレーム応対のポイント

☎1 素直にお詫びする

まず相手の話を聞き、その苦情に対して素直に謝ります。つぎに、自分で対応できることか、担当者に取り次ぐべきかを判断しますが、ここで悩みすぎて「しーん」としてしまうとかえって相手の怒りを増幅させてしまうので、注意します。

「たいへん申し訳ございません。詳しいお話を伺わせていただけますか」

「たいへん申し訳ございません。担当の者に代わらせていただきますので、少々お待ちくださいませ」

☎2 メモをとりながら話を聞く

相手の言い分をきちんと聞き、後で上司に報告できるようにメモします。話を聞くときには、「えぇ」「はい、たいへん申し訳ございません」などあいづちを打ちます。一通り聞いたら、日時や数量などの数字についてはしっかりと確認します。

「再度確認いたします……」

☎3 相手を一度納得させる返答をする

現時点での対応策を提案し、相手の了解を得ます。提案に時間がかかる場合は、一度電話を切って改めてかけなおす旨を伝えます。

「解決策につきましてあらためてご連絡いたしますので、お電話番号をお伺いしてもよろしいでしょうか」

「調査したうえでご連絡いたしますので、少々お時間をいただけますでしょうか」

☎4 ていねいに終わる

感謝やお礼の気持ちを込めて電話を切ります。
必ず相手が切ったことを確認してから受話器を置くようにします。

「お知らせいただきありがとうございます」

「ご迷惑をおかけして、たいへん申し訳ありませんでした」

「今後ともどうぞよろしくお願いいたします」

☎5 報告する

相手の苦情の内容をすぐに上司に報告します。

あなたの対応ひとつが、会社の評価を高める結果につながるのです。過度に恐れず、苦情電話への意識を変えていきましょう。

▼ていねいに、冷静に

仕事をしていると必ずトラブルは発生します。電話を受けることが多い新入社員は、お客さまや相手の怒りを受ける機会もあることでしょう。

「自分が失敗したわけではないのに、どうして怒られなくちゃいけないんだろう……」と思っても、まずはお詫びの言葉を述べましょう。話の内容から、確実にこちらには非がないとわかっても、軽はずみに意見を言うことは慎みます。

誠意ある態度で最後までお客さまの話を聞き、相手の想いを受けとめ、今後誤解を生まないような努力をすることを伝えます。

次に、自分一人で対応できる内容なのか、上司や担当者に取り次ぐべきかを判断します。基本的に、新入社員のときには自分だけで対応できるケースは少ないものです。少しでもわからないことがあれば、必ず担当者に取り次ぎましょう。

17

新しいコミュニケーションのマナー

最近ではビジネスの場面でも、会社の固定電話以外のさまざまなデバイスやアプリケーションを用いたコミュニケーションメディアが活用されるようになってきています。

ここでは、会社の一般的な電話以外の連絡手段の活用マナーを考えてみましょう。

▼どのツールを、どこまで使うか

コミュニケーションメディアには、電話やスマートフォン、パソコンはもちろんのこと、タブレット型端末などがあり、これらを用いてSNSを活用するアプリケーションとしてX（旧Twitter）、LINE、Facebook、インスタグラム等があります。

これらのメディアは急速に普及し、ビジネスの現場でも、業種や仕事内容など状況に応じて効果的に活用されるようになりました。

自社との連絡、お客さまへの連絡や提案など、その会社ごとにさまざまな使用ルールができてきています。これらの連絡手段をどこまで使ってよいか、どのように活用するかは、上司や先輩にきちんと確認しておきましょう。

携帯電話（スマートフォン）のマナー

社員に携帯電話を貸与する会社が増えています。ここでは、携帯電話を使って社外から自社やお客さまに連絡するときのマナーや留意点をみていきます。

なお、会社で支給されている携帯電話はあくまで仕事でのみ使用し、プライベートな用件には使わないようにしましょう。

◆かかってきた場合

①電車内や会議中にお客さまや自社から連絡が入ったとき

マナーモードにしておき、基本的には留守番電話で受けるようにします。

電車内の場合は、留守番電話メッセージを聞き、緊急の場合は途中下車して折り返します。急でなければ基本的には目的地について電車を降りてからかけ直します。

会議中の場合は、会議が終わってからかけ直します。途中で休憩等が入った場合はその時間にかけ直します。

② 騒音のある場所で受けた場合

一度電話に出ますが、駅のホームや車の往来が激しい道路、にぎやかな会場などでは、相手の声がうまく聞き取れません。一言断って、近くに比較的静かな場所があれば、そこに移動してからかけ直すなど、配慮が必要です。

◆自分からかける場合

できるだけ静かな場所を選んでかけましょう。そのうえで、社外であることも伝えるとよいでしょう。社外では必要な書類を見られないなどの制約もあるため連絡内容を緊急のことだけに絞り、仕事の細かな内容は、帰社してから改めて確認してかけ直すなどします。詳細については帰社してからメール等で連絡する旨を伝え、急いで伝えたいことだけを伝えるようにします。

18

ビジネス文書とは

▼なぜビジネス文書は必要なのか

会社のなかでは、日々いろいろな文書がつくられています。会社は文書を中心に動いているといっても言いすぎではありません。

いろいろな連絡事項、会議の案内、議事録、お客さまへの連絡、仕事の指示書や報告書、電話の伝言メモ……。なぜこんなに文書が多いのでしょうか。それには理由があります。

会社の仕事には、多くの人が関係しています。ある仕事について、関係者の間で知っている人と知らない人がいては、仕事をスムーズに進めていくことができません。

関係するすべての人に、同時に間違いなく同じ情報を伝えるには、文書がもっとも適しているのです。

もう1つの理由は、正確に伝えるということです。話し合ったときにはわかったつもりでも、実はそれぞれが違う理解をしていたということがあります。そんなとき、話し合いの後にすぐ打ち合わせ結果をまとめた簡単な議事録をつくって、お互いに確認すればこのようなことは防げます。

電話での伝言でも、受けたときは覚えているつもりでも、あとで伝えるときになって、「えーと、山田さんか山中さんから、明日か明後日の2時か3時に、来てほしいと電話がありました」などということになっては大変です。

このように仕事に関係するビジネス文書には、次の2つの目的があるのです。

- **情報の共有化**
- **情報の正確な伝達**

この2つの要素の大切さを認識して、ビジネス文書とは具体的にどういうものなのか学んでいきましょう。

▼ビジネス文書には2種類ある

会社では、上司や先輩が不在のときに受けた電話の内容を伝える伝言メモ、eメール、FAXや書類を送るときの送付状、会議や打ち合わせ開催の連絡文、催し事の案内状、会議内容の報告書、仕事の報告書、提案書、企画書など、仕事に関係するさまざまな場面で文書が必要です。

これらの文書のうち、社内でやりとりする文書を「社内文書」、取引先やお客さまなど社外に出す文書を「社外文書」といいます。

社内文書は社内で仕事を進めていくための文書なので、儀礼的なあいさつ文は必要ありませんが、社外文書は会社を代表した対外的な文書なので、ある程度決められたフォーム（書式）があります。社内文書と社外文書の主なものは、157ページの「ビジネス文書の種類」で確認してください。

ビジネス文書の種類

社内文書	社外文書
指示・命令文書 辞令、社内通達など	**営業取引上の取引文書** 依頼状、礼状、注文状、通知状、詫び状、照会状、抗議状、督促状など
報告文書 出張報告書、研修報告書、調査報告書　営業報告書など	**人事・総務関係文書** 採用試験通知状、 株主総会案内・通知状、 研修依頼状、 会議・委員会開催案内状　など
連絡文書 業務連絡書、照会文書など	**社交儀礼的文書** あいさつ状、祝賀状、招待状、案内状、　礼状など
記録 議事録、統計など	**その他** 提案書など

19 基本事項を知っておこう

文書を書く前に

手紙や文書を書く場合、慣れないうちは、すぐに便せんやパソコンに向かわないで、最初に、その文書を書く目的と、読み手は誰か、何のための文書かをよく考えて、伝えたいことを列挙する必要があります。

ビジネス文書の場合は、特に日時・金額など、数字に関することをはっきりさせます。

文書作成の注意事項

書く内容が決まったら、いよいよ文書作成です。次のようなことに注意しましょう。

1つの文書内は同じ文体で統一します。「です・ます」調と「である」調を交ぜて使いません。社外文書では「です・ます」調が原則となります。

また、誤字・脱字に注意し、当て字は使いません。辞書を引く習慣をつけ、上司や先輩に見せる前に必ず自ら見直しをします。

1つの文章は60字以内を目安にし、適度に改行しながら読みやすい長さの文にします。ビジネス文書では横書き、個人的な手紙は縦書きが原則です。縦書きと横書きを使い分けて書くことも意識します。

また、新入社員のうちは皆さんのつくった社外文書にはすべて上司や先輩のチェックが入ります。そこで直されたことは、覚えておくなり、コピーを取るなどして、次の作成時に活かすことが大切です。

▼頭語と結語

社外文書など、正式な文書の本文の前には「頭語」と呼ばれる書き出しの言葉が入ります。「拝啓～」というのは皆さんもよく見かけると思います。

また、頭語には必ずそれに対応して本文の後に「結語」という結びの言葉が入ります。

161ページに代表的な頭語と結語、および文書に用いる敬称とその使い方の例をまとめましたので、覚えてください。

頭語と結語／文書に用いる敬称

頭語と結語

文書の種類	頭語	結語
一般的な文書	拝啓	敬具
儀礼的な文書	謹啓	敬白
返信の文書	拝復・復啓	敬具
再度出す場合	再啓・追啓	敬具
あいさつ文が不要の場合	前略・略啓	草々

文書に用いる敬称

	敬称	例
様	個人用に用いる一般的なもの	○○株式会社 △△様
御中	会社・団体宛てに用いる	○○株式会社(××部)御中
各位	不特定多数の人に用いる	関係者各位

20 知っておこう前文あれこれ

前文は3種類

社会人になるとあらたまった文書を書く機会が増えてきます。「拝啓　仲秋の候、貴社ますますご清栄のことと……」などという手紙の文章を見ると「すごいなー」と思ってしまうでしょうが、これがあらたまった文書の前文です。

この前文には

- **「時候のあいさつ」**
- **「相手先の繁栄を祝福するあいさつ」**
- **「感謝のあいさつ」**

前文のあいさつ例

時候のあいさつ

月	あらたまった場合		少しソフトにする場合
1月	新春、寒冷、厳寒	＋の候	年明けとともに寒さいちだんと厳しく… 寒に入り厳しい寒さが続いております。
2月	晩冬、立春、春寒	＋の候	立春とは名ばかりの寒さ厳しきこのごろです。 （※立春は2/4以降） 寒さもほんの少し緩んできたようです。
3月	早春、浅春、春暁	＋の候	日ごとに春めいてまいります。 一雨ごとに春の気配が色濃く感じられます。
4月	春暖、陽春、春風	＋の候	暖かい春の日差しのこのごろです。 桜の花も満開の、暖かい日が続いております。
5月	新緑、若葉、立夏	＋の候	青葉が目にまぶしいこのごろです。 五月晴れのすがすがしい日が続いております。
6月	梅雨、初夏、夏至	＋の候	鬱陶しい梅雨の季節となりました。 梅雨の晴れ間のさわやかな１日です。
7月	盛夏、大暑、暑中	＋の候	梅雨明けの光がまぶしいこのごろです。 暑中お見舞い申し上げます。（※8/7の立秋前日まで）
8月	残暑、立秋、晩夏	＋の候	残暑お見舞い申し上げます。（※8/8の立秋以降） 残暑厳しい日が続いております。
9月	初秋、仲秋、重陽	＋の候	初秋の風の気持ちよい日が続いております。 秋空の雲の美しいこのごろです。
10月	紅葉、秋涼、浅寒	＋の候	さわやかな秋の日が続いております。 時雨日の冷たい１日です。
11月	錦秋、晩秋、立冬	＋の候	朝夕、日ごとに寒さがましてまいります。 銀杏の葉の黄色いじゅうたんに… 晩秋を感じるこのごろです。
12月	初冬、歳末、冬至	＋の候	年の瀬のあわただしい日が続いております。 年の瀬もいよいよ押し迫り…

相手先の繁栄を祝福するあいさつ

ますますご発展（ご隆盛・ご清栄）のこととお喜び申し上げます。〔会社・団体用〕

ますますご健勝（ご清祥・ご清栄）のこととお喜び申し上げます。〔個人用〕

※「ご清栄」は会社用・個人用どちらにも使える。

感謝のあいさつ

平素は格別のご厚情をいただき、御礼申し上げます。

日ごろ、ひとかたならぬご高配を賜り、誠にありがとうございます。

の3種類があり、基本的にはこの順に記します。

あらたまった時候のあいさつは「○○の候」ですが、これは、○○の部分に、文書を出す季節に合わせた言葉を入れればできあがりです。

また、事務的な連絡文書などでは「拝啓　時下ますます～」にしておけば、季節に関係なく使用できます。「時下」は、このごろ、この季節という意味です。

163ページに前文のあいさつ例をまとめましたので参考にしてください。

21 読みやすい文字で書く

皆さんは、人の書いた字が読めなくて困ったことはありませんか？

ふだん何気なく書いている文字も、気づかないうちに、人それぞれの癖がついています。自分では簡単に読めるだろうと思っていても、相手から見ると読みづらい文字かもしれません。

お得意さまからの商品の注文書や、請求書の数字を間違えたら大変なクレームになることは確実です。判読しにくい文字や数字を読み違えて、伝票に記入したり、コンピュータに入力したら、データがすべて間違ってしまうこともあります。

特に数字は漢字やひらがなとは違い、文章の流れから何となく予想して判読するということができません。1と書いたつもりが7と読まれてしまうなどありがちな読み違いです。

22

メールの使い方

▼メールもビジネス文書

現在では、これなくしてビジネスは進まないと言っても過言ではないほど、メールは重要なビジネスツールになりました。

ビジネスで使う場合、友人同士でのやりとりとは異なり、メールもビジネス文書の一部です。ビジネスでのメールのルールを覚えて、社会人として恥ずかしくないメールマナーを身につけましょう。

瞬時に相手に送れるメールは、ビジネスに不可欠な連絡手段です。一度に複数の相手に同じ内容を伝達できる便利なツールですが、便利だからこそ、さまざまな配慮が必要です。

メール、電話、郵送…どれを、いつ？

社内・社外ともに、連絡手段にはメールの他、郵送や電話などがあり、それぞれにメリット、デメリットがあります。状況に応じ、臨機応変に使い分けましょう。

◆郵送がよいとき

・見積書、請求書、契約書、招待状など、現物を相手の手元に届ける必要があるとき

◆電話がよいとき

・相手の意思確認が必要なとき（会議日程が急遽変更になり大丈夫かどうか返事がほしい、決まった内容に異存がないか確認してほしい、など）

ただし電話を利用する場合でも、細かな数値の伝達が必要ならメールで事前に送信しておきます。

◆メール送信がよいとき

・口頭だけで伝えにくい内容や記録に残したいことを伝えるとき（日程、金額などの数字、メールアドレス、電話番号などの連絡先）

・添付データで情報を共有したいとき

こうした内容はメールで送るのがふさわしいのですが、受け取る相手のなかには、一日に何百通ものメールを処理している方もいるかもしれません。重要な内容のときは、必ず電話で確認を入れましょう。また、メールの内容だけではわかりづらく詳細な説明が必要なときも、電話でのフォローを行います。

23 メールのルールとマナー

タイトルはわかりやすく

大量のメールのなかから必要なメールをチェックしていくのは手間がかかるものです。タイトルを見たら何の仕事の用件なのかわかるようにしましょう。

TO・CC・BCC

メールの送信方法は3種類あります。

「TO（宛先）」は最も頻繁に用いるもので、送りたい相手のメールアドレスを入力します。

次に「ＣＣ（カーボンコピー）」というものがあります。これはある情報を誰かに送信し、同時に参考として他の誰かにも送りたい場合に使用します。たとえば、上司に仕事の進捗状況の確認メールを送り、同時に先輩にも参考として送っておきたいときには、ＴＯに上司のアドレスを入力し、ＣＣに先輩のアドレスを入力します。この場合、上司も先輩も、自分以外の受信者を知ることができます。

また、ＣＣと似て非なる「ＢＣＣ（ブラインドカーボンコピー）」という機能があります。ＢＣＣは通常のＣＣと違い、ＴＯやＣＣで送られた人には、ＢＣＣで送られた人が誰なのかわかりません。たとえばＡさんに「ＴＯ」、Ｂさんに「ＣＣ」、Ｔさんに「ＢＣＣ」で送った場合、ＡさんとＢさんには、Ｔさんにも送られているということはわかりません。

書きだしと終わり方

クライアントや取引先の人などにメールを送るときは、必ず文章の初めに「○○株式会社 □□様」というように送り先の名前を明記します。

あらたまったビジネス文書のよう

に前文を書く必要はありませんが、「いつもお世話になっております」というようなクッションとなる言葉を入れてから用件を書くようにしましょう。

また、一行を長くせずに、30文字程度の文節で改行しましょう。改行のない文章だと、相手のパソコンの環境によっては非常に読みづらい状況になることがあります。

文末には「よろしくお願い申し上げます」等のあいさつを書き、一番下に自分の名前、社名、連絡先等を明記します。

▼簡単に送れるからこそ細心の注意を

送信ボタン一つで、簡単にデータを社外に送ることが可能な時代です。それだけに、メールの取り扱いには細心の注意を払う必要があります。

特に、次の点に留意しましょう。

◆他人にアカウントIDやパスワードを知らせない

社外で自分の業務用メールを見られる設定になっている場合は、たとえ家族でもアカウントIDやパスワードを知らせないようにしましょう。

◆不審なメールは開かない

見たことのない拡張子のものや、不自然な添付ファイルはむやみに開けず、上司や先輩に相談しましょう。知り合いからのメールでも、不審な添付ファイルは開かないよう注意しましょう。

◆パスワードを付与する

個人情報や機密情報の含まれた添付データには、必ずパスワードをつけます。パスワードの通知は別のメールや、電話など、別の手段で行います。

◆誤送信に気をつける

メールを送る相手は本当に合っているでしょうか。送信前に、もう一度、送信先アドレスを確認しましょう。

◆一括送信をする際、宛名はＢＣＣに

一度に多くの人に送信する際、送信先アドレスをＴＯやＣＣに入れてしまうと、全員のアドレスが他の人にも見えてしまいます。複数の人に同時に送信する際は、ＴＯには自分のアドレスを、ＢＣＣに送信先アドレスを入力しましょう。

24

送付状は仕事の常識

▼送付状・送信状の書き方

仕事では、書類やＦＡＸを送る機会が多々あります。そのとき、ただ必要な物だけを送ったのでは「なんてマナーを知らない会社だろう」と思われてしまいます。**何を送ったのか、その内容を書いた送付状や送信状をつけることが常識です。**ほとんどの会社には、書類の送付状やＦＡＸの送信状のフォーム用紙があります。

送付状や送信状には簡潔に何を送るのかを明記します。あいさつ文などは印刷されていることが多いので、書く必要はありませんが、相手によっては、多少内容が重複しても、お世話になっているという気持ちを自筆で伝えたいものです。

25 PDCAは仕事の根っこ

PDCAとは

友人や家族と旅行したときのことを思い出してください。そのとき、どんな手順で計画を進めましたか。どこに行くか、予算はいくらか、何を見に行くのかなどをあらかじめ考えてから旅行に出かけたことでしょう。そして、旅行から帰ってきてからは、予算がオーバーしてしまったとか、今度はもっと訪問地を増やそう、いやのんびりしたほうがいいなどと振り返り、次の旅行の計画を練ったりしたのではないでしょうか。

この、最初の旅行の計画から次の旅行の計画までに行ったことが、仕事の手順にもあてはまります。すなわち、仕事の手順も、まず計画（PLAN）し、実行（DO）し、その結果を振り返り反省評価（CHECK）して、良いところは次の仕事に活かし、悪いところは改善して次の仕事に向かう（ACTION）のです。

この仕事のサイクルのそれぞれの頭文字をとって

P（PLAN）
D（DO）
C（CHECK）
A（ACTION）

といいます。どのような仕事でも、仕事の基本がこのPDCAのサイクルであることは変わりません。

まず、本項では「P」「D」のポイントを詳しく見ていきましょう。

▼PLAN　計画は要求条件を確認して

先輩から「この仕事を来週までに仕上げてくれないか」などと依頼されたとき、何も確認しないで始めてしまっては、正確な仕事はできません。

職場のPDCAを想像してみよう

任務：先輩からプレゼン資料のデータを作成してほしいと頼まれた。

PLAN

P＝計画

何の目的で使い、いつまでに、どの程度のものをつくるのかを先輩に確認する。確認の結果、クライアントに企画をプレゼンテーションするために、今はまだ紙ベースの企画案を来週までにデータ上で企画書にする必要があることが判明。

DO

D＝実行

実際に企画書をパソコンを使って作成していく。

CHECK

C＝振り返り

納期どおりに自分としては納得いくものを作成することができた。しかし、想定よりもページ数が多くなってしまい、先輩はプレゼンテーションの時間を少しオーバーしてしまったようだった……。

ACTION

A=次の仕事へ！

次はスライドの枚数を計画段階できちんと計算する。先輩との連携をもっと密にとり、少しずつ確認してもらいながら進めよう！　来月、もう一度プレゼンの機会があるので、そのときに活かしたい。

PDCA

たとえ簡単に思える仕事でも

・**何のためにするのか**
・**いつまでにするのか**
・**求められる完成度**

などの、要求される条件を確認してから取り組むことが大切です。

▼DO　実行は自分の役割分担を心得て

どんな小さな仕事でも、すべてを1人で完結できるものはありません。必ずあなたがやった仕事を引き継いで、次に進める人がいます。それぞれが自分の役割を果たしていくことで、全体の仕事がスムーズに進んでいくのです。ですから、あなたにも計画どおり確実に、正確に仕事を進めることが要求されます。もし、期日までに間に合いそうにない場合は、できるだけ早く仕事の指示をした人に報告することが大切です。報告が早ければ早いほど、他の方法を考えるなど、その後の対応をとることができるからです。わからないこと、困ったことがあれば、1人で悩まないで素直に上司・先輩に相談しましょう。

26

仕事を次に活かす

試験が終わった後に教科書を見て、「あーそうだったのか」と悔しい思いをした経験はありませんか。仕事も同じです。ミスを指摘されたり、思い違いをしていたこと、後から思いついたことなど、1つの仕事が終わると、いろいろな問題点が見えてくるものです。

この問題点をそのままにしないで、必ずノートなどに整理して、仕事の振り返りをすることが、成長するための大切なポイントです。

▼CHECK　ポイントは量・質・時間

試験のように点数が出るものと違い、仕事の結果を評価（CHECK）することは難しいように思えますが、そのポイントは「量」と「質」と「時間」の3つです。たくさん仕事をしても間違いだらけでは価値がありません。できあがった仕事が要求されているレベルに達していなかったら使いものにならないのです。期日に間に合わなくても同じことです。学校の勉強は授業料を払ってするものでしたが、会社の仕事は、給料をもらってするものです。あなたが担当する仕事にお金を払ってくれている、ということを考えれば、3つの要求条件をすべて満たす仕事が求められているということも理解できるでしょう。

▼ACTION ミスを次の仕事に活かす

どんなに正確に仕事を行おうとしても、ついうっかりしてミスをしてしまうことがあります。ミスは困りますが、初めの1回は上司や先輩も許してくれるでしょう。しかし、同じミスをくり返してはいけません。同じミスをくり返さないためには、ミスをしたとき、なぜミスをしたのか、しっかり原因を調べ、同じ間違いをしないように改善策を打っておくことが必要になります。

初めてミスをしたときには、これで1つ成長したと考え、しっかり反省し、あまり落ち込まないようにしましょう。

27 報・連・相は新鮮なうちに

報・連・相で仕事を進める

会社にはさまざまな役割分担があります。部門を管理する上司は、職場全体のバランスを考えながら、部下に仕事の指示を出します。

部下は出された指示に従って仕事を進め、どのように仕事が進んでいるかを常に上司や先輩に報告し、その仕事に関連する同僚や他部門と連絡を取り合い、わからないことは相談しながら仕事を進めていきます。

このように、指示を受け、進み具合を報告し、必要事項を連絡し合い、わからないことを相談することを、「報・連・相」で仕事を進めるといいます。

「報・連・相」がスムーズに行われている職場は大きなミスもなく順調に仕事が運びます。

会社のなかでは一般に、自分が担当している業務の途中経過や結果を、仕事を指示した上司・先輩に伝えることを「報告」といいます。また、他人から得た情報や、自分が収集した情報を上司・先輩・同僚や他部門に伝えることを「連絡」といいます。

新入社員であっても、指示を受けた仕事は、与えられた期日までにきちんと完了させなければなりません。

そのためには、わからないことや疑問に思ったことがあれば上司や先輩に臆せず「相談」することが大切です。

それでは、「報・連・相」をスムーズに行うためにはどのようなことを心がけたらよいか考えていきましょう。

28 報告はタイミングよく

▼報告は聞かれる前に

「先週頼んだデータの整理は、順調に進んでいるかな」と上司や先輩から聞かれたら、報告のタイミングに問題がある証拠です。

退社するときや、仕事を始めるときなどに「○○の仕事は今日は△△まで進みました。明日は□□あたりまでできると思います」とか、「今日は○○の仕事を□□まで進める予定です」などとタイミングよく報告することで、上司や先輩は状況を把握し、的確な指示を出すことができるのです。

報告は結論から先に、事実を話す

コミュニケーションは大切といっても、長々と仕事の進み具合を話すようでは困ります。**報告は簡潔に、結論から先に話すのが原則です。**

「どこまでできたか」「何ができないか」を簡潔にわかりやすく、事実に基づいて話しましょう。事実の他に自分の考えを話したいときは、事実を伝えてからその後に、「これは私の考えですが」と前置きし、区別して話しましょう。

悪い情報は直ちに報告・連絡する

自分が失敗したり、ミスをしたときに、学校の先生や親になかなか言えずに困ったという経験は誰しもあることでしょう。しかし、会社では、仕事のミスなどの悪い情報ほど早く報告・連絡することが求められます。

自分1人ですべての責任がとれることなら、報告も連絡も必要ないでしょう。しかし、

CASE STUDY あなたならどうする？　どう考える？

責任感をもって取り組んだつもりが……

Ｙさんは大手食品メーカーの経理課に配属された新入社員です。先輩のＴさんの指示を受けながら、売掛金管理などを担当しています。入社して8カ月、仕事の流れも大分わかってきました。

ある日、先月分の書類整理をしていると、Ｄ社に送った請求書の金額をひと桁間違えていたことに気がつきました。Ｙさんは「自分のミスなんだから自分で責任をとらなくては！」と思い、すぐにＤ社の担当者に謝罪メールを送り、請求書を作成しなおして送りました。

その日の仕事後、ＹさんはＴ先輩に誘われ、夕飯を食べに行きました。食事中にＴ先輩に最近の仕事の状況を聞かれたＹさん、ふと昼間のことが頭をよぎりましたが、『あの件は謝罪メールを送って解決したし、楽しい食事の雰囲気を壊したくない』と黙っていました。

次の日、Ｔ先輩が少しあわてた様子で近づいてきました。「Ｙさん！　今Ｄ社の総務部長からうちの課長に電話があったのよ。先月の請求書のミスに対して、メールのみで謝ってくるとはどういうことかって。普段から書類やメールを出すときには私に一度見せてと言ってるわよね。Ｄ社の書類を見た覚えはないわ。ましてやミスを私に伝えず、勝手に謝罪メールを送ってしまうなんて……」

Ｔ先輩のあわてた様子に、Ｙさんもことの重大さに気がつきました。「すみません……。昨日請求書を作成しなおして、Ｄ社に送りました。きっと今ごろ届いていると思います」Ｔ先輩は閉口してしまいました。ぶしつけに送られた請求書を見て、Ｄ社の総務部長がさらに怒るのは目に見えています。

仕事は1人でしているのではありません。

一見、関係ないように思えるところまで1つのミスが影響してくるものです。

仕事では良い連絡や成功の報告は遅れても大きな影響はありませんが、悪い情報は遅れれば、それだけ問題が大きくなり、取り返しのつかないことになってしまいます。

特に上司は、あなたの仕事の責任をとる立場です。良いことも悪いことも逐次報告しなければ、上司は適切な判断を下すことができません。自分の失敗やミスなど、悪い情報も、勇気をもっていち早く報告・連絡することが、大切なのです。

29

連絡・相談で信頼感UP

連絡は仕事の要

仕事の連絡がスムーズにいかなかったらどうなるか考えてみましょう。

「それではこの件は各部門の担当者に連絡しておいてください」

会議に出ているとこのようなことがよくあります。あなたがこの連絡を怠るとどうなるでしょうか。あなたの部門の担当者だけが、その情報を知らないことになり、対応が遅れたり、その担当者が恥をかいてしまいます。

組織では、情報の早さと正確さが仕事の要になります。「仕事の報告・連絡が的確にできたら有能な社員である」といわれる理由は、ここにあります。

相談はコミュニケーションの第一歩

仕事をしていると、いろいろな疑問や問題にぶつかります。そんなときは、1人で悩んでいないで周囲の力を借りて、少しでも早く解決するようにしましょう。

新入社員は何でも聞けるという特権（質問する権利）をもっています。また、相談されたほうも、信頼されているという実感がわき、うれしく感じるものです。上司や先輩にはどんどん質問や相談をしましょう。それを繰り返しているうちに、上司や先輩の人柄もわかり、緊張することなく自然に話せるようになります。

相談はコミュニケーションの第一歩です。上司や先輩に、あなたの人柄をわかってもらえるチャンスでもあります。

相談は時間を選んで行う

「何でも聞きなさい」と上司や先輩に言われたので、相談に行ったら「悪いけど後にして

CASE STUDY あなたならどうする？ どう考える？

伝わったことを確認するところまでが「連絡」

Bさんは、取引先のT社のSさんから課長宛の電話を受けました。課長は朝から外出している旨を伝えたところ、「見積りの件で確認したいことがあるので今日中に連絡がほしい」とのことです。Bさんはメモをして、それを留守中の課長の机の上に置き、別件の打ち合わせのためしばらく離席しました。打ち合わせ終了後、席に戻ると、課長はすでに帰社していました。Bさんは課長に言いました。

「課長、先ほどT社のSさんからお電話がありまして、見積りの件で確認したいことがあるそうで、今日中に連絡がほしいとのことです。机の上にメモを置いておいたのですが、見ていただけましたでしょうか」

「ああ、メモなら見ましたよ。ありがとう。さっき電話しました」

連絡をする場合は、このように相手にその連絡が届いているかどうか確認することが大切です。もし、課長がメモに気づかなかったらどうなるでしょうか。T社のSさんには電話せず、会社の信用を失うところでした。連絡はメモを置くところまでではなく、その内容が相手に伝わっているか確認して、はじめて完了したといえるのです。

くれないか」と言われ、何も聞いてくれなかった、というグチをときどき聞きます。これはどちらが間違っていると思いますか。

上司も先輩も、自分の担当する仕事をもって忙しそうに働いています。その日までに、仕上げなければならない仕事を抱えているのかもしれません。相談したいときは、前もって都合のよい時間を聞くか、時間の空いていそうなときに「今、お時間はよろしいでしょうか？」と、断ってから話をするのが正しい相談の進め方です。

職場では、いつも相手の立場に立って考えることを心がけると、仕事がスムーズに進み、周囲からも信頼されるようになります。

また、相談に乗っていただいた場合、相談しっぱなし、話を聞きっぱなしにしていませんか？　相談に乗ってくださった上司や先輩は、その後のあなたのことを気にかけてくれているかもしれません。大切な時間を割いて話を聞いてくださったのですから、その後どうしたかという結果の報告もきちんと行いましょう。

第３章

新卒1年目の
社会生活の基本

PART 3 /3

01 なぜ健康が大切なのか

いきいきと働き続けるために

想像してください。60歳になったとき、皆さんは、どのような生活を送っているでしょうか。どのような仕事をしているでしょうか。そして、未来のあなたは、何歳まで働いていると思いますか。

現在、ほとんどの企業が定年制を導入しており、社員は60歳前後でリタイアすることが一般的です。しかし、2021年から施行されている高年齢者雇用安定法の改正によって、70歳までの就業確保措置をとることが努力義務となりました。

また、2025年4月からは65歳までの継続雇用制度が義務化されました。

労働人口の減少

現在の日本は、少子高齢化などの環境変化に伴い、社会構造が大きく変化しています。

２０２０年の日本人の平均寿命（厚生労働省調べ）は男性81・64歳、女性87・74歳で、ともに過去最高を更新しました。今後も医療技術の進歩により、さらに平均寿命が延びることが予想されています。

この変化は、私たちの生活にも大きな影響を与えています。まず挙げられるのが、労働力人口の減少です。１９５０年には1人の高齢者に対して12・1人の現役世代（15～64歳の者）がいたのに対して、２０２０年には高齢者1人に対して現役世代2・1人となっています。今後はさらに高齢化率は上昇し、現役世代の割合は低下し、２０６０年には、１人の高齢者に対して、現役世代1・3人になると推計されています。

このままでは経済成長率が鈍り、若い世代の負担が増していく可能性が出てきます。そのためには、一人当たりの生産性を向上させ、女性や高齢者の労働参加を高めていく必要があるのです。

社会人生活はマラソンのようなものです。自分のペースを考えながら、60歳や70歳になってもいきいきと仕事をし、充実した生活を送っていくために、今からどんなことをしておくべきでしょうか。

なぜ健康管理が必要なのか

長く仕事をしていくために最も重要なことは、心身ともに健康でいることです。そのためには若いうちから健康管理に努める必要があります。まだ早いと思うかもしれませんが、私たちの体は、毎日の食事や生活習慣によってつくられています。

そして、今をどのように過ごすかが長期的なあなたの健康に影響しているのです。これから始まる社会人生活のなかで生産性の高い仕事を長く続けていくためには第一に健康でいることが求められます。責任ある立場になったことを自覚し、今から健康管理に努めましょう。

02

生活習慣病と健康診断の大切さ

社会人となり皆さんの生活スタイルは大きく変化したことでしょう。ひとり暮らしを始めたり、残業や飲み会などで帰宅が遅くなったりすることも多いのではないでしょうか。睡眠不足、運動不足、偏った食事、ストレス、喫煙、過度の飲酒……。若いからといって、安心してはいけません。生活習慣の乱れが、思わぬ病気につながることもあるのです。

▼若年層にもある生活習慣病

生活習慣病という言葉を聞いたことがありますか？　毎日のよくない生活習慣の積み重ねによって引き起こされる病気のことです。がん（悪性新生物）、心疾患（狭心症や心筋梗塞などの心臓病）、脳血管疾患（脳梗塞やクモ膜下出血などの脳の病）、糖尿病、脂質異常症、高血圧、肥満などのことで、日本人の半数以上が、これらが原因で亡くなっているといわれています。生活習慣病は、中年になって発症することが多いのですが、近年は発症年齢が低下し、若い人や子どもでも発症するケースが増えてきているといいます。

働き続けるためには、心身ともに健康でいることが重要です。20歳代から規則正しい生活に努め、予防を心がけましょう。

健康保険に加入

新しく社会人となったのをきっかけに健康保険に加入した方が多いのではないでしょうか。会社（事業主）と社員（被保険者）が保険料を出し合い、一定の負担で医療が受けられる仕組みを社会保険制度といい、健康保険はこのうちの一つです。

病気やけがをした場合、健康保険証を提示することにより本人（被保険者）やその家族（被扶養者）は、3割の医療費負担（年齢により負担割合が異なる）で診療や診察が受けられます。

健康診断の結果を読みとこう

会社で受診する健康診断にはさまざまな検査項目があります。
指標の意味を知り、健康管理に役立てましょう。

	検査項目		内容	関連する疾患
	血圧		望ましい血圧は収縮期血圧が120～130かつ拡張期血圧が80～85です。血圧が高いほど死亡率が高くなる傾向があります。	心筋梗塞 脳卒中 慢性腎臓病 など
	BMI		BMIは肥満の程度を示したものです。25以上は注意が必要です。 BMI ＝体重(kg) ÷(身長(m))^{2} BMI は「18 ～ 25」が適正範囲とされています。	高血圧 脂質異常症 動脈硬化 糖尿病など
	肝機能	AST（GOT） ALT（GPT） γ-GTP	AST、ALT、γ-GTPは、肝細胞や筋肉に多く含まれる酸素で、主に、脂肪肝、肝炎、筋肉の炎症や外傷、心筋梗塞で増加します。γ-GTPは、特に酒量の影響を受けます。	急性肝炎 慢性肝炎 劇症肝炎 など
	脂質	総コレステロール 中性脂肪	高脂血症は、高カロリー食、高脂肪食、お酒の飲みすぎなどで増加しますが、遺伝的な体質も大きく関与します。食事、運動等で改善しなければ服薬治療も必要になります。	高脂血症 動脈硬化 脳卒中 心筋梗塞など
	腎機能	尿素窒素 クレアチニン	腎機能障害や発熱、消化管出血、脱水で増加します。クレアチニンは、尿中に排出されますが、腎機能障害があると血液中に増加します。	急性腎炎 慢性腎炎 腎盂炎など

※上記はあくまで診断項目の一例です。気になる項目や数値があった場合は、医療機関やかかりつけの医師に相談しましょう。

健康診断は義務

会社は、労働者の健康管理のため、1年ごとに1回健康診断を実施する義務があり、労働者はその健康診断を受ける義務があります。自分の体は自分で管理するという意識を持ち、疾病の早期発見や予防をし、長く健康な体で働き続けられるように努めましょう。

何を診断するの？

定期健康診断では、既往歴、業務歴の調査や自覚症状、他覚症状、身長、体重、視力、腹囲、聴力の他に、胸部X線や血圧、貧血検査、肝機能、血中脂質、血糖、尿、心電図検査などがあります（医師が必要でないと認めるときは、省略できるものもあります）。

健康診断の目的は、病気やその原因を早期に発見し、できるだけ早く対処することです。診断結果には、普段は見慣れない検査項目が並んでいます。内容を理解し、参考基準値や判定をよく読み、二次検査の指示がある場合は放置せず、必ず医療機関で受診しましょう。

03 心の健康を保つために

刺激の多い現代社会

社会が急速に変化し、多様化している現在では、企業も現状に安住せず、常に変化していくことが求められます。そうした環境下で成果を発揮するために一生懸命学び、努力しながら日々仕事をしているのが、現代の社会人です。

また、仕事は一人ではできないので、多くの多様な人と関わりながら自分の役割を担っています。そうした日々は、大変刺激もありやりがいもありますが、時にはその刺激の多さに疲れてしまうこともあるでしょう。

▼ストレスは誰にでもある

体の疲れなら熟睡すれば回復するでしょうが、刺激の多さに心がついていけずに疲れてしまうと、胃が痛くなったり、頭痛がしたり、便秘になったりします。さらに十分な睡眠がとれなくなったりして、疲れがたまって回復に時間がかかります。こうなると、ストレスが過度になり、うつなどの精神的な病気になる場合もあります。

ハンス・セリエ博士はストレスを外界からの刺激に対する『適応エネルギー』と捉え、「ストレスは『人生のスパイス』である」と定義しており、ストレスは必ずしも悪いものではないとしています。

環境の変化を受け入れ、多くの人たちと情報交換しながら前向きに自分の役割や課題に取り組んでいるときは、外界からの刺激に対して、いきいきと適応して仕事や活動ができます。しかし、過度な期待や役割を担うなど、無理しすぎたり、周りとのコミュニケーションがうまくいかなくなったりすると、そうした外界からの刺激は過剰になり、ストレスレベルが高くなって、体や精神面の健康が維持できなくなります。

あなたの今の状態を確認してみよう

☑	1	最近、目が疲れたり頭痛がすることがよくある	☑	16	最近、食事の時間が不規則になっている
☑	2	夜、なかなか寝つけない	☑	17	おしゃれや髪型に気をつかうのがめんどうになった
☑	3	最近、仕事上の問題で解決の糸口がなかなか見つけられない	☑	18	最近、集中力がなくなったように思う
☑	4	最近、まわりの人との距離を感じることがある	☑	19	自分のしたい仕事が今の職場ではできないと悩むことがある
☑	5	将来どんな仕事をしたいのか自分でよくわからず、人生に不安を感じることがある	☑	20	いつも肩や首・背中が凝っている
☑	6	最近、忘れ物やミスが多くなった	☑	21	最近、神経が高ぶったり、いらいらして、まわりに当たってしまうことがある
☑	7	朝、起きたときに疲れが残っている感じがする	☑	22	腰痛や便秘（下痢）になりやすい
☑	8	家族とのコミュニケーションがうまくとれていない	☑	23	最近太り気味で、新陳代謝が悪くなっている感じがする
☑	9	お酒を飲むと、翌日まで残っている感じがし、むかつきや吐き気がすることがある	☑	24	食事の時間になっても、空腹を感じない
☑	10	何も考えず、ぼーっとしていることがよくある	☑	25	気持ちが落ち込んで、無力感に襲われることがある
☑	11	自分のことを、上司やまわりの人が評価してくれていないと感じることがある	☑	26	夜中に目を覚ますことがよくある
☑	12	帰宅が深夜になることが多い	☑	27	しなければならないことが溜まっているのに、うまく仕事が進まない
☑	13	はじめての人と会うのが面倒だと思う	☑	28	最近、風邪をひきやすい
☑	14	つい毎日お酒を飲んでしまう	☑	29	ノルマや納期が厳しすぎて、つらいと思うことが多くなった
☑	15	最近、ちょっとしたことで、イラッとしてしまうことが多い	☑	30	休日でも仕事のことが頭から離れないことがよくある

①リストで選んだ項目の数字と同じ数字を○で囲みます。

②○がついた数字の数を数え、○の数を表の合計欄に記入しましょう。（注意：項目数字の合計ではありません。）

		合計欄
体	1. 2. 7. 9. 20. 22. 23. 24. 26. 28.	
心	3. 4. 5. 8. 11. 13. 15. 19. 25. 29. 30.	
行動	6. 10. 12. 14. 16. 17. 18. 21. 27.	

体・心・行動のうち一番チェックが多かったものが、あなたがストレスレベルが高まっているときに現れる変化です。疲れているなと感じるときにチェックが増えるその項目が、あなたのストレスレベルが高まっているときに現れるサイン（ストレスサイン）です。元気なときと疲れているなと感じるときなど、時々チェックしてみてください。自分の状況を自分で気づくことが、ストレス耐性を高める第一歩です。

※ハンス・セリエ（Hans Selye, 1907年 - 1982年）：ハンガリー系カナダ人の生理学者で医師。ストレス学説を唱え、ストレッサーの生体反応を明らかにした。

こうした過度の刺激は『人生のスパイス』ではなく、悪いストレス反応として病気を生み出すもとになってしまいます。

適度なストレスレベルを保つ

誰にでもストレスはあります。そのレベルが適度であればやる気も生まれ、周囲とのコミュニケーションもよく、健康を維持しながら成果を上げることができるでしょう。しかし、仕事が増えたり、家族や友人とのトラブルなどで、いつの間にか過度のストレスにさらされていることに気づかないと、誰でも心身が不調になり、うつになったりします。そうした精神疾患は特別な人がかかる病気ではなく、実は誰でもなりうる病気なのです。

常に適度なストレスレベルを保つためには、自分のストレスレベルが高くなったときに、心身にどのような傾向が出るかを知っておくとよいでしょう。

自分でストレスレベルの変化に気づき、過剰になる前に手を打つことができます。自分の元気なときと元気でないときの状態を把握しておくことが大切です。

04

ストレスとは何か？

自分のストレス傾向を知る

前項のストレスチェックで、あなたは心、体、行動のどの部分のチェックが一番多かったですか？

実はこのチェックは、自分のストレスレベルが高まったときにチェックが入りやすい項目は何かを、自分で確認するためにも役立つものでもあります。

たとえば、困難な課題にぶつかっているときに、寝つきが悪くなるとか、イライラして不機嫌になり周りに気を遣わせるとか、肩が凝る、食欲がなくなるなど、自分のなりやすい傾向がわかります。この傾向が現れたら、「あ、自分はいま少しストレスレベルが高まっているんだ」と気づくことができます。

ストレスを無視せず、対処する

そうしたストレスによるサインに気づいたら、それを放っておいたり無視したり無理を続けたりしないで、対策を講じることが大切です。

ストレスを外界からの適応エネルギーだとすれば、過度なエネルギーは受け止めきれないので、軽減することが必要です。そうはいっても締め切りに追われていて自分で仕事の量を軽減することができない、と思うかもしれません。

では、どんな手を打てばいいのか、どんな手が打てるのか、それを考え実施するのが、ストレス対処の方法です。

ストレスの対処とは、「ストレスとうまく付き合っていく知恵」を身につけることです。

同じように仕事をして、役割を担っていても、元気な人と疲れてしまう人がいます。もちろん、体力の差はあるでしょうが、それだけではない違いが見受けられます。

205ページの図のように、ストレッサーは社会生活をしている人には誰でもあるもの

ストレッサーとストレスサイン

ストレッサー → **ストレス反応** → **ストレスサイン**

ストレッサー	ストレスサイン
嫌な上司	イライラ・不安・緊張
残業・急な仕事	首や肩のこり
友達とのトラブル	頭痛・胃痛
経済的な問題	肌荒れ
将来の不安	不眠
お客さまの苦情	食欲不振
職場のトラブル	腰痛
家族の問題	やる気が起きない
近隣との問題	けが・ミス
難しい仕事	うつ

ストレッサーとは、ストレス反応を引き起こす要因

ストレス反応とは、ストレッサーを受けたときのあなたの反応。この反応は、人によってまちまち。ストレッサーをどのように受け止めるかはあなた次第。

ストレスサインとは、ストレッサーを受けて現れるストレス反応

ポイント

心が折れそうなとき、グチを聞いてくれたり、励ましてくれる人たち（家族や友人、仕事仲間など）がいるとストレスサインの出る前に元気になれます。自分のサポートネットワークを大切にしましょう。

です。しかし、そのストレッサーにさらされても、すべての人にストレス反応が現れるわけではありません。その違いは何かを考えてみると、実は自分の考え方や体の使い方が大きくストレスと関係していることが見えてきます。

考え方や物事の受け止め方には癖があるといわれています。癖とは、無意識に陥りがちな思考パターンのようなもので、そのパターンにとらわれてしまうと、自分の視野を狭め、思考の柔軟性をうばってしまうことがあります。

客観的な判断の余地がなくなり、何事も悲観的に捉えてしまうようになります。そうならないためにも、あらためて自分の物事の受け止め方を振り返ってみることが重要です。

そして、ストレスサインに気づき、ストレスを自分で調整していく知恵を身につけていきましょう。

05 ストレス耐性を高めるために

同じ環境にいても、元気な人とそうでない人の違いはどこにあるのでしょうか。ストレッサーすなわち外界の刺激に対して、自分がどう反応するかでストレスサインの現れ方が違ってきます。極端に言えば、ストレスを良いものにするのも悪いものにするのもあなた自身の考え方であるといえます。

▼反応のしかたを良くするために

物事へのちょっとした反応のしかた、外界からの刺激（要望や状況）を前向きに捉えるか、嫌なことと捉えるかで、その後の気持ちや仕事のしかたは大きく異なります。

誰でも突然、予定にないことを要求されるのはつらいものです。しかし、仕事は組織で行うものです。自分の好きなことを選べたのは学生時代。社会人になると、自分の計画どおりに仕事はなかなか進みません。相手の立場も考えてみると、急な仕事も組織人として快く引き受けることができるようになります。

自分のことばかりではなく、相手や仕事の成果を考えると、その心の切り替えが少し楽にできるようになります。

その思いやりや努力が、コミュニケーションをよくし、職場全体の雰囲気を明るくします。

また、このようにストレッサーを前向きに受け止めるには、いつも自分が元気で心に余裕をもてる状態を保っていることも大切です。

▼心身をリラックスしてストレスに対応

そのためには、心身の緊張を解いてリラックスすることが効果的です。

体をリラックスさせ、深くてゆったりした呼吸法を行うと、全身の血流が良くなり緊張がほぐれ、肩の凝りを減らし、熟睡できるようになります。

心をリラックスさせる、すなわち、思考を柔軟にし、自分を認めることで相手の意見や違いを受け入れられる心の余裕が持てます。

すると、相手の立場を考える余裕ができコミュニケーションがスムーズになります。

そして、広い視野で物事を考えたり、多様な価値観や、自分と異なる考えをもつ人のことも認められると、ものごとに柔軟に対応できるようになります。

ストレスは誰にでもあるものですが、その受けとめ方をプラスにすることで、適度なストレスレベルが保てます。

ぜひ、自分のストレスレベルを時々確認し、疲れたときに陥りがちな考え方の癖に気づき、適度なストレスレベルを保ち、意欲的に社会人として活躍してほしいと思います。

06 パーティのマナー

社会人になると、さまざまなパーティに出席する機会があります。それらのパーティは、単なる遊びではなく、仕事に大きく関わっています。

ここでは社会人としてのパーティでのマナーを学習します。

▼パーティの種類

会社ではお客さまなど外部の方を招いて行うフォーマルなパーティを、さまざまな機会に催します。このようなパーティの準備のお手伝いをしたり、ときには上司や先輩に連れられてあなた自身が出席する機会もあるでしょう。

そんなときは、新入社員でも会社の顔として行動しなければなりません。ここでは基本的なことを学んでおきましょう。

◆フォーマルな行事の種類

・会社の創立記念パーティ
・会長・社長就任披露パーティ
・新社屋披露・改装パーティ
・開所式パーティ（事務所・営業所・工場など）
・新商品発表パーティ
・お得意さまご招待パーティ

▼フォーマルなパーティを自社が主催するとき

◆準備の手伝いは

フォーマルなパーティの準備は、何カ月も前から行われます。当日まではさまざまな仕事がありますが、新入社員のころは、上司の指示に従って行動することになります。わからないことがあったら、自分で勝手に判断せず、上司に聞いて行動します。知らずにマナー違反の行動をとってしまうと、会社が恥をかくことになりますので注意しましょう。

◆パーティ当日は

パーティ当日はたいへん忙しいので、自分の役割に責任をもって成し遂げるようにします。新入社員のころは、お客さまの荷物係や、エレベーター係などが多いでしょうが、どのような役割であってもお客さまの立場になって、サービスに徹することが大切です。

主催側は基本的に会場での飲食は控えます。パーティの時間によってはあらかじめ食事をしておくなどの注意が必要です。

▼パーティに招待されたら

◆招待状を受け取ったら

仕事に関係するパーティの招待状を受け取ったら、まず上司に報告し、出席するかどうかを相談します。招待状の返事は、なるべく早く出します。

◆パーティ会場では

パーティには時間厳守で行くようにしましょう。特に着席式で席次が決まっているようなパーティでは、始まる30分前に到着するようにします。途中で帰ったりするのは礼を失するので最後まで列席します。

▼パーティは人脈づくりのチャンス

仕事ができる人は、その多くが公私にわたって多くの友人をもっています。皆さんもこれからいろいろな人と仕事を通して関わり、人脈を増やしていかなければなりません。

しかし、仕事をともにして知り会える人は限られています。パーティは、普段あまり出会うチャンスのない人と話ができる絶好の機会です。公私にかかわらずパーティへ招待されたら、できるだけ出席して、いろいろな仕事をしている人と話をするようにしましょう。

1 心構え

2 仕事の基本

3 社会生活の基本

▼人脈づくりのためのパーティマナー

◆知人同士だけで話さない

同じ会社の人同士でかたまって話していたのでは、パーティに出る意味がありません。面識のない人に積極的に声をかけたり、知り合い同士で紹介しあったりして、なるべく多くの人と話をするようにしましょう。

◆会話の材料を仕入れて行く

初対面の人とでも会話が盛り上がるように、仕事以外の話題をいろいろもっていることが求められます。また、その時期に話題になっていることについて関心をもっておくこと、今日はこれを話したい、という話題を1つ見つけておくなど話題を準備し、ただぼんやりと出かけて行かないことが大切です。

◆翌日にはお礼のメールを

せっかく日ごろ知り合うことのできない方々とお話をするチャンスを得たのですから、その場で名刺を交換するなどし、今後も交流を深めたいものです。

しかし直接会ってから次の接触までに時間が経ってしまうと、その後の交流にはつながりにくくなります。翌日のうちにお礼のメールやお手紙を書き、今後も交流を続けていきましょう。その際、パーティで印象に残ったエピソードなどを交えると、一段と今後の関係が深まります。

07

職場や取引先との酒席

懇親はスムーズな仕事のため

社会人になると、歓送迎会、プロジェクトの打ち上げ、忘年会、そして接待など、酒席に臨む機会が多くなります。「お酒は苦手だから……」「業務ではないし、行かなくても……」、と気後れする人もいるかもしれませんが、まずは参加してみましょう。職場の先輩たちも、あなたがどんなことに興味を持っているのか、どんなことを考えているのかなど、あなたとゆっくり語り合いながら知りたいと思っているかもしれません。

お酒の席では皆、職場を離れてリラックスしているため、互いの意外な一面をかいま見ることができます。また、上司があなたにどんなことを期待しているのか、それはなぜか、という話が聞けたり、先輩から業務に関する貴重な情報が得られたりなど、明日からの仕事をスムーズに進めるためのヒントがたくさん隠されています。

ここでは、酒席時に気をつけるべきマナーやルールなどを見ていきましょう。

▼席に着いたら

前提として、約束の時間を守ることは絶対です。事前に待ち合わせ場所までの経路と所要時間を確認し、お客さまや上司、先輩を待たせないよう、約束の時間より前に到着します。

基本的には下座の位置を確認し、そこに座ります。ただし、お客さまや上司の状況により（次に予定があり、先に退席する方が下座に座るなど）、必ずしもこのかぎりではないこともあります。

オーダー後、飲み物が運ばれたら、基本的には序列の順にお酌をします。

飲み物、食べ物が運ばれてきても、乾杯まで口をつけてはいけません。乾杯後は、周囲の方々と会話を楽しみましょう。リラックスし、かといって羽目をはずさず、節度ある態度で臨みましょう。

周囲の人の飲み物が少なくなったら

周囲の方々の器の中の飲み物が少なくなったら、「何か召し上がりますか」とおうかがいし、次の飲み物のオーダーをします。ただし、あまり飲めない方には無理にお勧めせず「お水にしますか?」などとお伺いするとよいでしょう。

逆に、周囲の方があなたにお酌をしてくださる際には、その器の中の飲み物を飲み干してから、ついでいただきます。

自分の飲める量を考えて楽しむ

とはいえ、お酒は、たくさん飲んでもまったく酔わない人もいれば、ほんの少量でも顔が赤くなってしまう人もいます。

飲めない人は無理にたくさん飲もうとする必要はありません。これ以上飲むと酔っぱらってしまう、と思ったら、「あまり飲めないんです。申し訳ありません」と伝え、たまに一口つけるくらいにとどめておき、その場の会話を楽しみましょう。

支払う姿勢を見せる

支払いの段階になったら、自分の分の金額を支払います。上司や先輩がごちそうしてくれるときでも、まずは財布を取り出し、自分から払う姿勢を見せましょう。

上司や先輩から「今日は、いいよ」と言われ、代わりに支払っていただいたら、素直に「ありがとうございます。ごちそうさまです」とお礼を言い、ごちそうになりましょう。

翌日は必ずお礼を

終了後はその場でお礼を言って帰宅しますが、翌日も必ず「昨日はお世話になりありがとうございました」と気持ちを伝えます。お客さまや、別の職場の方など、直接会って伝えられない相手の場合は、メールや電話でお礼を言いましょう。

08

西洋食のマナー

これからは、接待や節目のお祝いなど、かしこまった席の会食の機会も増えてきます。その際のマナーにはどのようなものがあるでしょうか。

「テーブルマナー」と聞くと、なんだか難しそう、と尻込みしがちですが、マナーを守るうえでもっとも大切なのは、失敗をしないことではなく、相手に不愉快な思いをさせないという心遣いです。わからないことは遠慮なく周囲の人やお店の人に聞いて、実践してみましょう。

▼お店に着いたら

大きなバッグやコート類は、座席まで持ち込まず、お店の人に預かってもらいます。荷

コース料理の順序と気をつけること

一般的なコース料理の作法を押さえておきましょう。

1 前菜（オードブル）

・カナッペやテリーヌなどがある。自分で運ぶときは、メイン料理とは異なる素材を選ぶ
・パンはデザートの前には食べ終える。一口分ずつちぎり、都度バターをつけて食べる

2 スープ

・左手をスープ皿の縁に添え、手前から向こう側にすくい、音を立てずに飲む
・飲み終えたら、スプーンの腹を上にして、お皿の手前に置く

3 魚料理

・切り身魚は左側から一口大に切り食べる
・ソースをかけたいときは、ソーススプーンですくう
＊フルコースの場合は、魚料理と肉料理の間に口直しのソルベ（シャーベットなど）が入る

4 肉料理

・肉料理は左側から一口ずつ切り分けて食べる（冷めてしまうので、最初からすべて切り分けない）。ローストチキンなど、骨付きのまま出される料理は、骨に沿ってナイフを入れ、骨自体を切り離してから少しずつ食べる

5 デザート

・三角形のケーキはとがったほうから食べる

6 コーヒー／紅茶

・ミルクなどを入れ、使い終わったスプーンはカップの向こう側に置く

物と引き換えに番号札を渡されたときは、なくさないよう気をつけましょう。帰る際にお店の人に番号札を渡し、預かっている荷物を出してもらいます。

椅子に座るときは

背もたれと自分の間に、こぶしひとつ分のゆとりをもって座りますが、逆に浅く座りすぎないように気をつけましょう。小さなバッグは、背もたれと自分との間に置きます。

西洋食のマナー

◆ナプキン

席につき、オーダーがすんだら、食前酒や料理が運ばれる前にナプキンを二つ折り、または三つ折りにして、山折りの部分を膝の上に置きます。

食事中に中座するときは、軽くたたみ、椅子の上に置きます。食事が終わったら軽くたたみ、テーブルの左側に置きます。

◆カトラリー

ナイフやフォーク、スプーンなどのツールは「カトラリー」と呼ばれます。テーブルの上にいくつも並んでいて、どれから使えばよいかとまどいがちですが、その基本は「外側から使う」ことです。

万が一、食事の途中でカトラリーを落としてしまったときは自分で拾わず、お店の方を呼び、新しいものに替えてもらいましょう。

また、食事中に席を立つときは「まだ食事は終わっていないので片づけないでほしい」ことを示すため、ナイフとフォークをお皿の上にハの字に置きます。

食べ終わったら、ナイフとフォークは右斜め下にそろえて置きます。

09 和食のマナー

ごく普通の定食から会席料理まで、和食はもっとも接する機会の多い会食かもしれません。食事の所作が美しいと、その人全体の印象を一段と上げることができるのも和食の特徴です。ぜひ美しく見えるしぐさにチャレンジしてみましょう。

▼美しく見えるお椀とお箸の持ち方

◆お椀の持ち方

左手をお椀に添え、ふたを右手で取ります。

取り上げたふたは仰向けにし、両手でお椀の横に置きましょう。お膳がある場合はお膳の外に、2つあるときは、縦に並べて置きます。

お椀は両手で取り上げ左手に持ってから箸を取って食べましょう。

◆お箸の持ち方

箸は中央よりやや上のあたりを軽く握るように持ちます。

次に右利きの場合、左手で軽く受けて、右端に滑らせます。

最後に右手を折り返すように下から受け、持ち直します。

お刺身と魚の食べ方

◆お刺身の食べ方

刺身の上にわさびをのせます。次に、お醤油の入った小皿を、右利きの場合、左手に持ちます。醤油が垂れないよう注意しながら、わさびが醤油につかないようにして食べましょう。

◆魚の焼き物の食べ方

頭の部分を懐紙（ない場合は左手で軽く押さえる）などで押さえて動かないようにし、背の方から一口分ずつ身をほぐします。半身を食べ終わったら、尾のほうから骨をはずし、頭ごと残りの半骨からはがします。ひっくり返したり、骨の間から身を食べたりしないよう注意しましょう。

次に、はずした骨を向こう側に寄せ、残りの半身を食べます。懐紙があれば、使った懐紙を骨にかぶせておきます。

▼箸づかいのタブー7箇条

次に挙げる7つの箸づかいはタブーとされ、品の良いものではありません。決してしないよう、日ごろから気をつけておきましょう。

- **探り箸……器の中のものを、かき回して探ること。**
- **握り箸……箸を握ったままの手で器を持つこと。**
- **ねぶり箸……箸先をしゃぶること。**

和食のマナー

和食の盛り合わせ料理は、左から右にかけて、だんだん味が濃くなるように盛り付けられており、左側から食べやすく盛られています。基本的に、左側から食べるようにします。

配膳

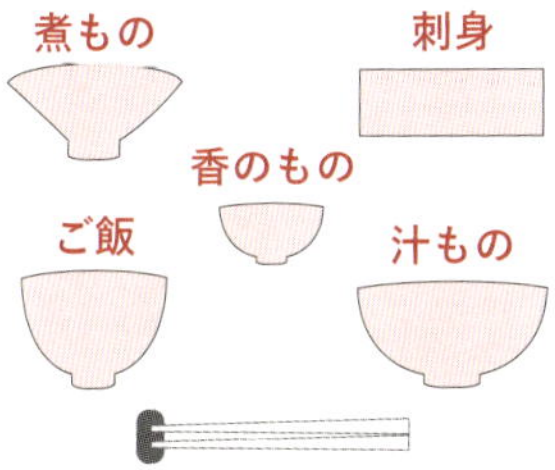

基本的な食事の配膳例

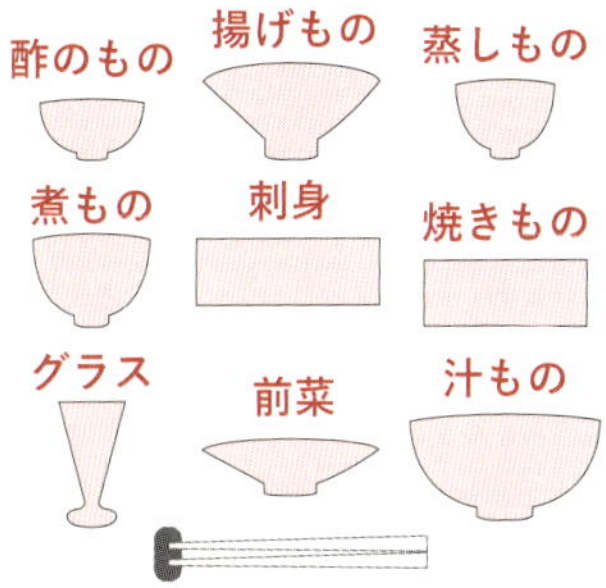

お酒も含めた会食の配膳例

POINT

持ち上げていい器といけない器

〈持ち上げていい器〉

茶碗・汁物の碗・小皿・小鉢・お重や丼

〈持ち上げてはいけない器〉

刺身、魚料理、揚げ物のお皿・大鉢の皿

POINT

魚の焼き物のいただき方

魚は構造上、頭側から食べると身がはずれやすいため、上の身を頭から尾の部分に沿って食べる。頭と骨を外したらお皿の上側に置き、続いて下の身を、頭の部分から尾の部分に沿って食べる。

・迷い箸……箸を持ったまま、どれを食べようか箸をさまよわせること。
・渡し箸……お茶碗の上に箸を置いて、箸を休めること。
・刺し箸……食べものを、箸で突き刺すこと。
・寄せ箸……お料理の入った器に箸を入れ、そのまま引き寄せること。

持ち上げてよい器、悪い器

和食が他の料理と異なるのは、器を持ち上げてその美しさを楽しむところです。しかし、持ち上げてはいけない器もあります。227ページを参照してください。

10 中華料理のマナー

大人数でたくさんの料理を楽しめる中華料理は、気軽に楽しめる会食として人気があります。ここでは、その基本的なルールを押さえておきましょう。

丸テーブルの席次

ドアから遠い席が上座、近い席ほど下座となります。料理は上座から順に取り分けます。

回転テーブルのルール

中華料理に特徴的なのが、回転テーブルです。周りの方が料理を取っている最中に回したりすることのないよう状況を見ながら、自分の食べる分を取り分けます。この回転テーブルには、載せてよいものといけないものがあります。

・載せてよいもの……お料理の皿、調味料、お茶のポットなど、テーブルに座る人と共有するもの

・載せてはいけないもの……ビール瓶、食べ終わったお皿、グラス

料理は主賓から順に、時計回りに取り始めます。このとき、盛りつけをくずさないよう、ていねいに取り分けます。全員が取り終わるまで、料理には手をつけないでおきます。料理が一巡し、全員が取り終わっても余っているようなら、他の人の様子を確認してから食べます。

器のルール

和食と異なり、中華料理は茶器と飯椀以外、器を持ち上げることはありません。その他、次のことに気をつけましょう。

・器には直接口をつけない。汁やスープを食べるときは、レンゲを用いる。

・取り皿は料理ごとに一枚ずつ。使い終わったら重ねてよい。

会話を楽しむためのサイン

中華料理では、会話を楽しむため、直接、給仕の方に声をかけることなく、動作のサインで思いを伝えることがあります。ぜひ利用してみましょう。

・お茶を入れてもらったときに机を軽く叩く……「ありがとう」のサイン
・ポットの蓋をずらす……「お茶を足してほしい」サイン

料理の種類

中華料理の種類には次のものがあります。基本的なマナーを押さえておきましょう。

・突き出し……ザーサイやピーナッツなどの小皿。いつ食べても構いません。
・前菜……鶏、焼豚、野菜などの冷製料理の盛り合わせ。温菜がある場合もありますが、冷たいものからいただきます。

・スープ……前菜の後に出される豪華なものと、炒飯や麺類の前に出る野菜などの軽いスープがあります。器を持ち上げず、レンゲで食べます。
・主菜……肉、魚介、野菜などがあるが、味付けが似通ったものにならないよう留意しながらオーダーします。
・主食……チャーハンなどのご飯もの、あるいは麺類など。チャーハンはレンゲで、汁物は箸とレンゲで。麺類はレンゲから直接食べないよう気をつけます。焼きそばやご飯は箸を使います。
・点心……春巻き、シュウマイなどの簡単な軽食です。
・デザート……ごま団子や杏仁豆腐など。
・お茶……ポットに入ってサーブされるので、必要な分だけ注いでいただきます。
・お酒……紹興酒は、氷を入れてロック、水割りやお湯割りなどの楽しみ方があります。

中華料理の取り分け方

大皿

・大皿からサーバーなどで自分の分を取り分けるときには、左手にスプーン、右手にフォークを持つ。

・片手で取り分けようとするとかえって大変なので、両手をしっかり使う。

小皿

・小皿に残ったご飯は、皿を傾けレンゲでかき集め、手前にすくうようにして食べる。

11

結婚式の招待状を受け取ったら

人生にはいくつかの転機があるといいますが、なかでも結婚は人生のもっとも大きな節目の1つです。

社会人になってから最初の数年間は、友人や同僚の結婚式が集中する時期でもあり、招待状を受け取る機会も多いのではないでしょうか。友人同士で「今年はこれで5人目だ、予想外の出費だよ」などという会話をすることがしばしばあると思います。

「結婚披露宴に招待されるのはうれしいけど、出費はつらい」というところでしょう。多くの人にとって、結婚式は、社会人として自分の名前で招待状を受け取り、フォーマル(正式)なパーティに出席する最初の機会でもあります。

ここでは実際の場面でとまどわないよう、お祝いごとの正式の場でのマナーを紹介します。

▼招待状を受け取ったら

まず、白い封筒に金色のシールで封をした結婚披露宴の招待状が届きます（神式での結婚式は披露宴の前に親族だけで行うのが一般的です）。

どうしても都合がつかないときはしかたがありませんが、結婚披露宴にはできるだけ出席しておきたいものです。

結婚披露宴は、もちろん新郎新婦をお祝いするのが一番の目的ですが、それだけではなく、なつかしい友人と再会することもあるでしょうし、また新たな人脈が広がる機会でもあります。それに何といってもフォーマルなパーティに慣れる絶好の機会にもなるのです。

▼返事はすぐに出すのが礼儀

招待状を受け取ったら、できるだけ早く返事を出します。 結婚する2人にとっては、結婚式の前はいろいろな準備でとにかく忙しいものです。

出席者の人数はできるだけ早く確認しないと、披露宴会場の準備が進められません。そんな2人の手を煩わせないためにも、招待状は受け取ったらすぐに返事を出すのがマナーです。

▼返信はがきの書き方

わかっているようで、いざ書こうとしたら迷ってしまった、というのが、招待状の出欠を知らせる返信はがきです。簡単に「御出席」に丸印をつけただけで返信したのでは、マナーを知らない人だと思われてしまいます。

相手に失礼にならない返信のマナーを身につけておくことが大切です。237ページに招待状の返信はがきの書き方を記しましたので参考にしてください。

返信はがきの書き方

わかっているようで、いざ書こうとしたら迷ってしまった、というのが、招待状の出欠を知らせる返信はがきです。返信はがきの書き方には特有のマナーがあります。基本的に「自分に対する敬称は消して相手を立て、お祝いの気持ちを添える」意味を込めて書きまとめましょう。

返信欄の自分に対する敬称を２本線で消す。御芳名は「御芳」まで消す。

出欠席の表記は、不要のほうを２本線で消す。「御」は両方とも消す

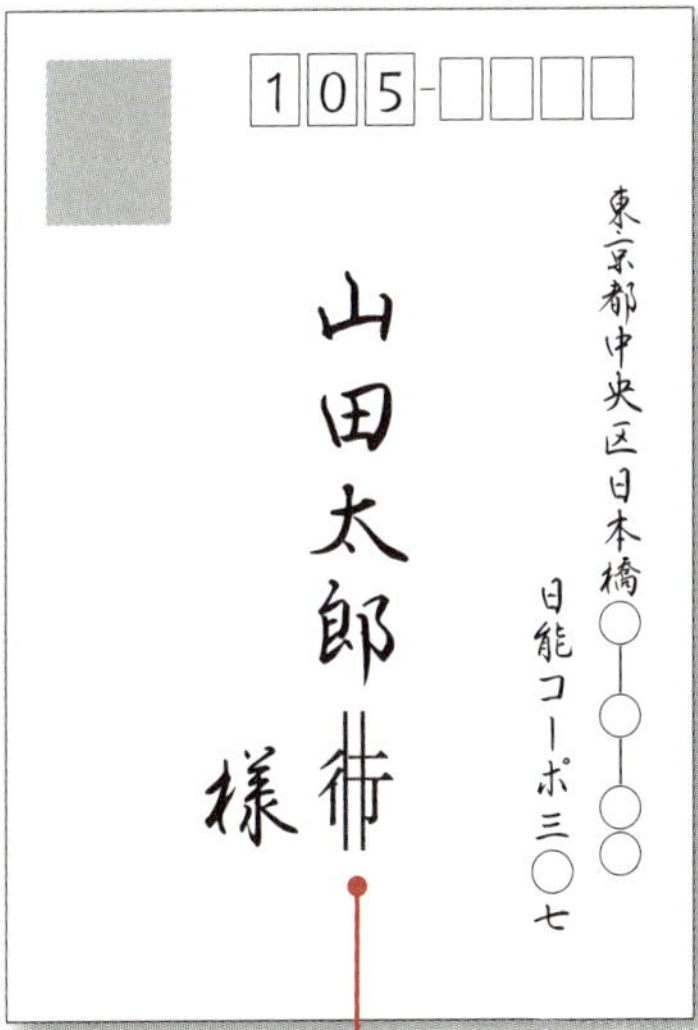

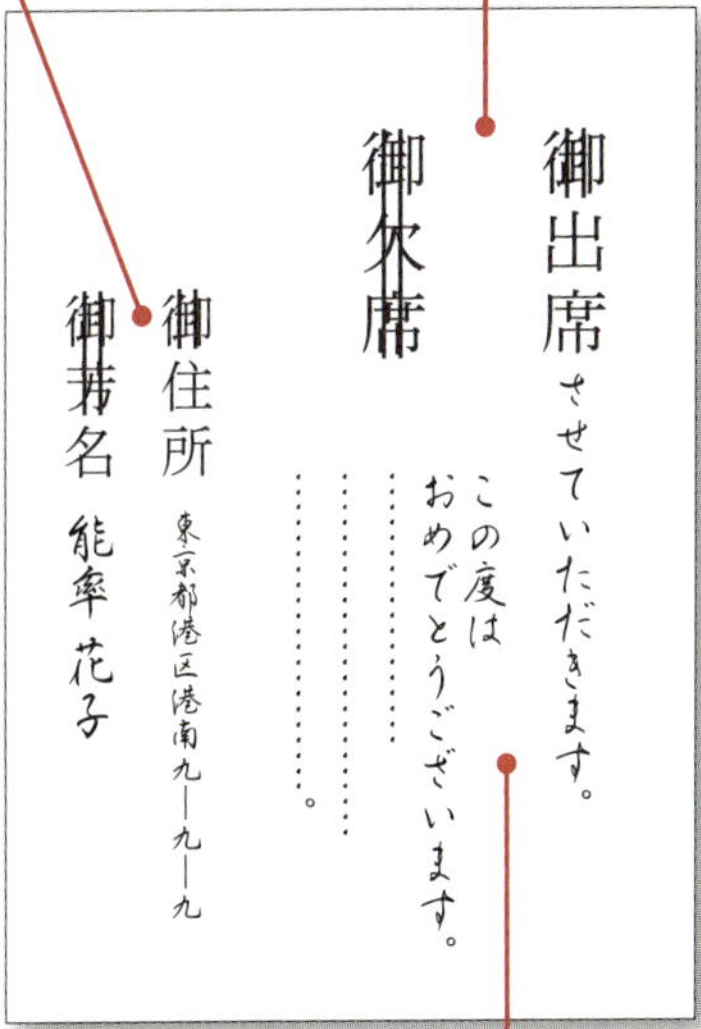

「行」を２本線で消し、「様」の敬称をつける。

出席、欠席のいずれの場合も、下に「させていただきます」と書き添え、お祝いの言葉を述べる。欠席の場合は、その理由も簡単に述べる。

12
結婚式に出席できないときは

▼どうしても出席できないときは

どうしても出席できない用事や事情があるときは、欠席の連絡をしなければなりません。その場合、気をつけたいのは、相手への祝福の気持ちと出席できない残念さが伝わるような配慮をすることです。その配慮には以下のような方法があります。

◆返信用はがきを返送する

はがきにお祝いの言葉と欠席の理由を書き添えて返送します。

祝儀袋の書き方

意外に間違えやすいのが祝儀袋の書き方、包み方です。それぞれの意味を把握したうえで、失礼のない贈り方を心がけましょう。

上包み

水引は紅白や金銀の結びきりのものが結婚祝用。名前は下部中央に筆ペンでていねいに書く。

袋の下側を上にかぶせる。

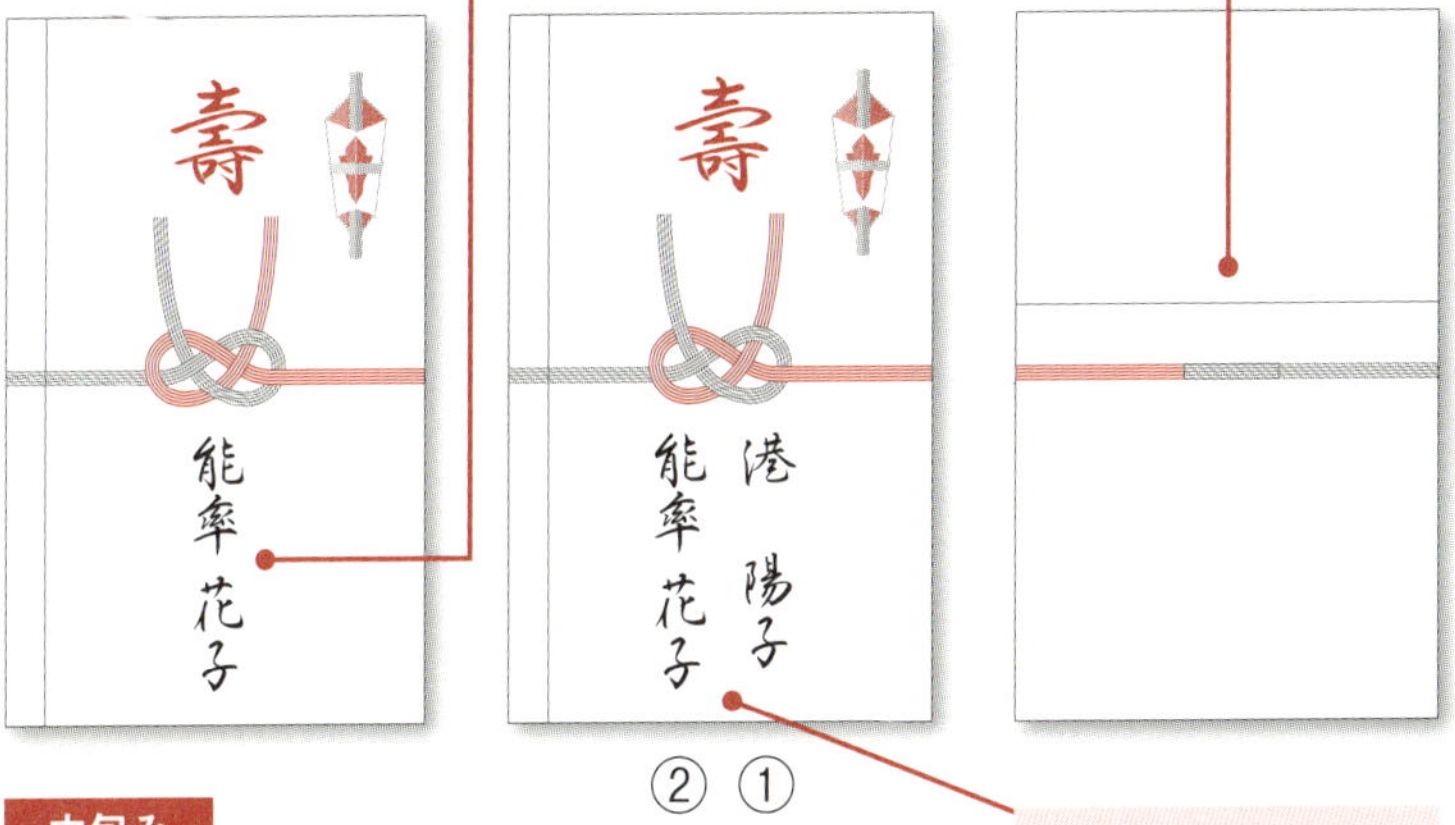

連名のときの書き方。目上の人から順に右から書く。

中包み

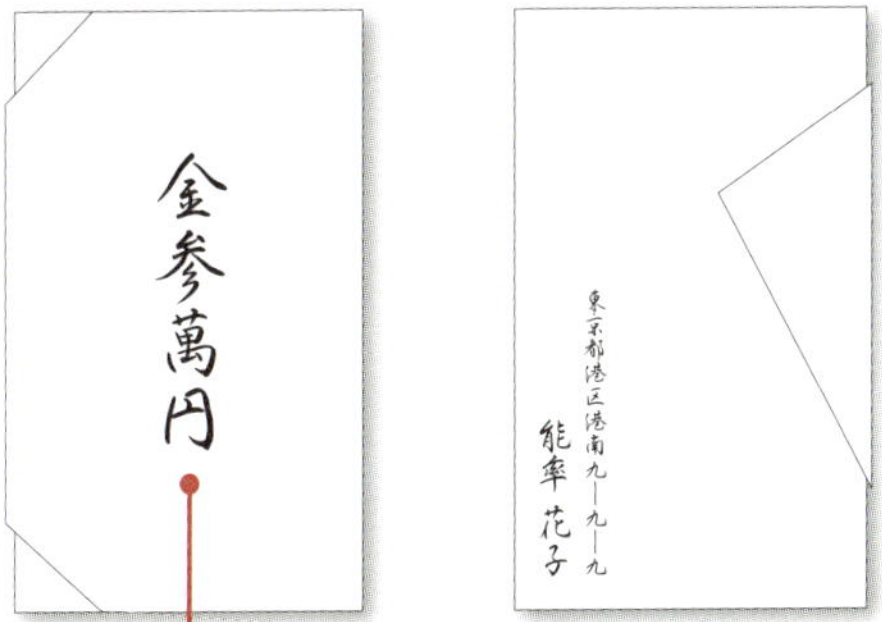

表面の中央に金額（旧字体で）を記入。裏には自分の名前と住所を記入する。

御祝儀の金額が少なめのときはあまり豪華なデザインのものは避ける。

◆お祝いのはがき（手紙）を出す

欠席を通知するはがき以外に、お祝いの気持ちを込めたはがき（手紙）を送ります。いつも顔を会わせている友人や同僚なら、口頭で気持ちを伝えてもよいでしょう。

◆祝電を送る

披露宴の日時を指定して会場宛に打ちます。祝電は忘れないように早めに打つようにします。また、祝電には押し花つきや、香りつき、メロディつきなどもありますので印象に残るものを選びます。電文には例文が用意されていますが、できるだけ自分で考えた電文を送るようにしましょう。

◆お祝いの品を送る

お祝いの品は、2人が欲しいと思っているものを贈るようにします。親しい間柄なら、相手にお祝いは何がよいか聞いてから選んだほうがよいでしょう。希望を聞いて贈るのもよいし、一緒に買い物に行くのも一案です。

13 結婚式に出席するときは

結婚披露宴に出席するとき

服装は披露宴の形式に合わせ、主役の2人より派手にならないようにします。招待状に平服でと書いてあっても、お祝いの式なのですから、普段着ということではありません。平服でというのは、正式な礼装でなくてもよい、という意味ですから、あまりカジュアルな服装は控えるようにします。自分の立場、招待側との交際の程度なども考えて服装を選ぶようにします。

結婚式で気をつけたいマナー

本人やそのご両親の意向により、結婚披露宴の進め方にはいろいろな形式があります。様式などによってマナーも多少違ってきますが、大切なのは2人の門出を祝福する気持ちですから、あまり気負わずに披露宴を楽しみましょう。

◆遅刻は厳禁

開宴の15~30分前には会場に着いているようにしましょう。

◆騒ぎすぎに注意

フォーマルな式はもちろん、親しい仲間だけの会費制パーティでも、大声で騒いだり、親しい友人だけで話し込んだりしないように気をつけましょう。

◆あいさつを忘れずに

結婚する友人のご両親にお祝いのあいさつをします。

◆スピーチの内容

スピーチをする場合、多少の笑えるエピソードは会場の雰囲気を和らげ好感をもたれますが、新郎新婦が困るようなエピソードの披露は慎みましょう。

◆お酒はほどほどに

お祝いだからといって、お酒の飲みすぎは厳禁です。

◆二次会に招待されたら

かしこまった席である披露宴とは異なり、二次会には気心の知れた友人も多く招待されています。ついリラックスし、羽目をはずしてしまいがちですが、二次会にも親族が出席していることもあります。節度を持ったふるまいを心がけましょう。

なお、二次会だけ招待された場合、新郎・新婦にお祝いの品を用意するのはかまいませんが、その際には新郎・新婦が持ち帰れるぐらいの大きさ、重さのものにし、大きいものや重いものの場合は、別途、送るようにしましょう。

14 突然の訃報にもあわてずに

▼死亡通知（訃報）を受けたとき

悲しい知らせは、いつも突然にやってきます。お祝いごとは前もって知らされているので準備ができますが、悲しい知らせの場合はそうはいきません。亡くなったという知らせは、その家族や知人、仕事上の関係者であればその会社から電話などで知らされます。死亡通知への対応は、迅速に行うことが大切です。

相手方と自分との関係でどのような対応をすればよいか考えます。結婚式は招待されて出席するものですが、告別式は自分の意思で参列するものです。

生前にお世話になったことがあれば、できるだけお悔やみの気持ちを表したいものです。

また、亡くなられた本人との関係ばかりでなく、その親族との関係で参列を考えることも必要です。たとえば、友人の父母や兄弟などが亡くなった場合は、その友人への友情として参列することが親しい間の礼儀です。

昔から「結婚式と葬式が重なったら、葬式に行け」といわれています。その理由は、結婚式のお祝いはあとでもできますが、故人との最後のお別れはそのときを逃したら二度とできないからなのです。また、親族にとっては、家族を亡くして悲しんでいるときに、通夜や葬儀に参列してくれた人への感謝の気持ちは、なかなか忘れられないものです。

15 仕事関係者のご不幸のときは

仕事関係者の死亡通知を受けたとき

社会人になると、会社の上司や同僚、取引先の関係者など仕事の関係で通夜や告別式に参列したり、手伝ったりすることが多くなります。

この場合は、上司の指示に従って行動すればよいのですが、親族の気持ちを考えて、心を込めて誠実に行うことが大切です。

◆上司に知らせ、指示に従う

会社の関係者や取引先関係者の死亡通知の連絡を受けたときは、以下の点を確認し、上司に報告します。

・故人の氏名（わかれば年齢も）
・死亡日時と場所
・通夜の日時と場所（わかれば宗教も）
・葬儀・告別式の日時と場所
・喪主の名前と故人との関係
・わかれば死亡の原因と病名

◆手伝いに行く場合

自分の所属する部や課の人に不幸があった場合は、手伝いをすることもあります。遺族に対しての思いやりの気持ちをしって、上司や葬儀委員の指示でてきぱきと行動します。

自分勝手な行動をとると、まわりの人が迷惑しますし、間違いの原因にもなります。大切なことはメモを取っておくようにします。

突然の訃報にも対応できるよう、男性であれば黒いネクタイを1本、ロッカーの中などに常に入れておくとよいでしょう。

▼通夜・葬儀・告別式の違い

◆通夜

遺族や近親者、友人、知人など、故人とごく親しかった人たちが集まって、故人をしのび冥福を祈るものです。現在では徹夜をするのは少数の親族だけで、他の人たちは午後6時～9時ごろまでが普通です。通夜に参列するときは、仏式では僧侶の読経が始まる前に伺うようにします。

◆葬儀

故人の成仏を祈るため、遺族や近親者、親しかった友人・知人などが集まって行う儀式です。

◆告別式

故人に縁のある人が最後の別れを告げる儀式です。本来葬儀とは別に行うものですが、現在では葬儀に続いて告別式が行われるため、区別が明確ではなく、一般会葬者が葬儀に参列することも多くなっています。

葬儀に参列する場合は、決められた時間より早く着くようにしますが、告別式だけに参列する場合は、決められた時間のなかで焼香などをすませるようにします。

不祝儀袋の書き方

お悔やみのときこそ失礼のないように包みたいもの。宗教によって不祝儀袋の表書きが異なるさまざまな約束事があります。身構える必要はありませんが、社会人として最低限、次のことは覚えておき、実践しましょう。

上包み

水引は黒白や銀のものが不祝儀用。名前は下部中央に薄墨で、ていねいに書く。

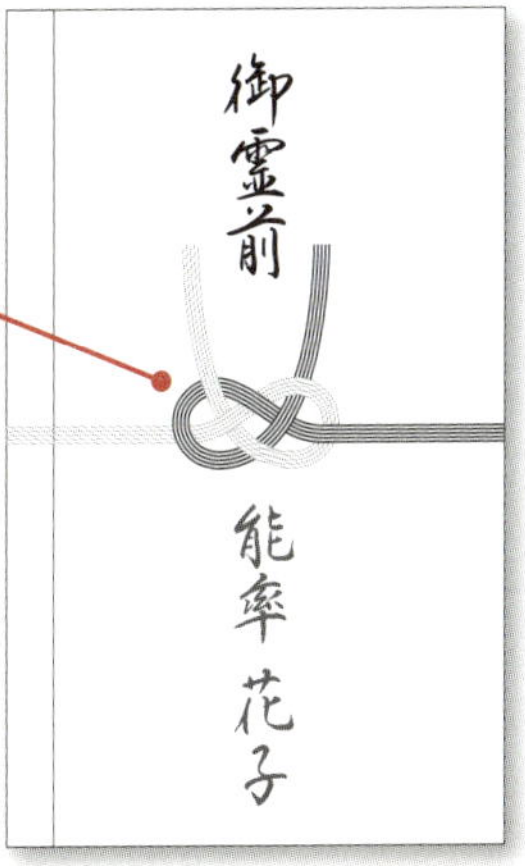

袋の上側を上にかぶせる。

中包み

宗教によって不祝儀袋の表書きは異なる
仏式…御霊前・御仏前
神式…御神前・御玉串料
キリスト教…御花料
「御霊前」は宗教を問わず使える
＊御仏前は法事の際に用いるもの。

中包みの表面には何も書かない。裏に金額と名前を入れる。
＊住所を入れる場合もある。

16 宗教別の告別のしかた

▼宗教による告別のしかたの違い

故人の宗教の違いによって、告別のしかたにも違いがあります。ここでは、仏式、神式、キリスト教式の代表的な告別のしかたを紹介します。

最近は無宗教の告別式も増えていますので、いろいろな告別のしかたがあります。もしわからなければ、前方の人にならって行うのがよいでしょう。

◆仏式葬儀

仏式の告別式の弔問では、受付にあいさつし、香典を差し出して記帳します。順序にしたがい霊前に進み、焼香台の3歩手前で遺族に一礼、正面を向いて前に進み、遺影と位牌を正視して一礼、合掌します。数珠は左手に持ったまま、右手で香をつまみ、目のあたりまで捧げてから、香炉にくべます。

正式には3回献じますが、1回でもよいとされています。再び合掌して後退し、左右に一礼して戻ります。なお、信者でなければ、数珠は持たなくてもかまいません。

◆神式葬儀

拝礼は、まず桶の水で手を清め（手水）、玉串奉奠へと進みます。玉串奉奠は、出された榊の葉の部分を左手で受け、右手で枝の部分を指ではさみ、胸の高さに捧げて、柩前に進みます。祭壇に枝のほうを向け、葉先を自分の側に向けますが、このときは時計の針と同じ方向に回します。そして台の上に榊を静かに置き、遺影に目を向け、深く二礼し、かしわ手を2回打ちます。

このときは音を立てません（しのび手といいます）。そしてもう一度深くおじぎをします。「二礼二拍手一礼」と覚えておくとよいでしょう。

す。

◆キリスト教式葬儀

キリスト教式の葬儀では、讃美歌を全員で歌いますが、知っているときは一緒に歌います。

仏式葬儀では焼香をするように、キリスト教式葬儀では献花をします。係の人が渡してくれた花を、枝のほうを霊前に向けて献花台にのせ、祈りをささげます。カトリック信者などは十字をきりますが、信者でない場合は黙とうだけでかまいません。続いて3、4歩後退し、牧師または神父と遺族に一礼します。

告別のしかたがもしわからなければ、先にも書いたとおり、前方の人にならって行うのがよいでしょう。大切なのは故人を偲び、親族の方の気持ちを考えて誠実に行う気持ちをもつことです。

本書は、以下の通信教育コースの
重要エッセンスを再編集しました。

新社会人基本
Newビジネス道PLUS

親しみやすいテキストとしっかり考えるレポートで、新入社員に必要な「心」「技」「体」を身につける

＊Newビジネス道 PLUSは以下の３つのカリキュラムで構成されています

「心」社会人としての意識・態度
「技」仕事の基本スキル
「体」社会生活の基本

また、同じシリーズには、
以下のようなラインナップもあります

Newビジネス道フォローアップコース（新人指導編）
「教」

「基本を後輩に教える力」を身につけ、先輩社員としての成長を促す

より詳細を知りたい方は、
以下のページを参考にしてください。
JMANAVI（ジェイマナヴィ）
https://www.jmam.co.jp/tsukyocatalog/

内山 早苗（うちやま・さなえ）
株式会社UDジャパン　代表取締役会長、特定非営利活動法人　ユニバーサルイベント協会 名誉顧問、一般社団法人　ダイバーシティ・アテンダント協会 代表理事
明治大学文学部卒業。出版会社に勤務後、独立。起業して日本能率協会の外部編集スタッフとなる。主に企業の人材教育、生涯教育の企画・編集・研修を行い、企業人教育の各階層のテキスト・マニュアル・研修等の企画・執筆などに従事。多様な特性のある人も活躍できるDE&Iの推進を理念に活動。

新卒1年目の教科書

仕事の基礎とマインドセットを学ぶ本

2025年 5 月 10 日　初版第1刷発行

著　者——内山 早苗

発行者——張 士洛
発行所——日本能率協会マネジメントセンター
〒103-6009 東京都中央区日本橋2-7-1　東京日本橋タワー
TEL 03（6362）4339（編集）／03（6362）4558（販売）
FAX 03（3272）8127（販売・編集）
https://www.jmam.co.jp/

装丁・本文デザイン——株式会社aozora
D　T　P——株式会社キャップス
印　刷　所——三松堂株式会社
製　本　所——三松堂株式会社

ISBN 978-4-8005-9320-7　C2034
落丁・乱丁はおとりかえします。
PRINTED IN JAPAN